Julius H. Schoeps
Moses Mendelssohn

JULIUS H. SCHOEPS

MOSES MENDELSSOHN

Jüdischer Verlag
1979

Bildnachweis:
Archiv für Kunst und Geschichte, Berlin

CIP-Kurztitelaufnahme der Deutschen Bibliothek

Schoeps, Julius H.:
Moses Mendelssohn / Julius H. Schoeps. –
Königstein/Ts. : Jüdischer Verlag im Athenäum-
Verl., 1979.
ISBN 3-7610-0345-5

Umschlaggestaltung: Gerhard Keim, Frankfurt/M.
Gesamtherstellung: Friedrich Pustet, Regensburg
Printed in Germany
ISBN 3-7610-0345-5

Vorwort

Allenfalls als Freund Lessings und Urbild des „Nathan" lebt Moses Mendelssohn (1729–1786) noch im allgemeinen historischen Bewußtsein. Vergessen ist, daß er einer der geistreichsten Denker im Europa des 18. Jahrhunderts war, der wie kein anderer die Ideale seiner Epoche verkörperte. Vergessen ist, daß er als Philosoph und Ästhetiker, als Kritiker und Stilist der erste Jude in Deutschland war, der in seiner Person die Möglichkeit verkörperte, Judentum und moderne Kultur miteinander zu verbinden. Selbst die Erinnerung an seine Verdienste um das Judentum verblaßt allmählich. Kaum jemand weiß noch etwas von Mendelssohns Bemühungen, das Judentum aus seiner mittelalterlichen Isolation zu befreien, den Juden den Eintritt in die bürgerliche Gesellschaft der Neuzeit zu ermöglichen.

Der 250. Geburtstag ist Anlaß, an Moses Mendelssohn zu erinnern. Vorliegendes Buch unternimmt es, auf dem Hintergrund der religiösen und sozialen Verhältnisse, im Rahmen der allgemeinen Zeittendenzen von Aufklärung und Säkularisierung, Kosmopolitismus und Bildungsoptimismus die Etappen von Mendelssohns geistiger Entwicklung nachzuzeichnen. Das Buch behandelt die berühmten Kontroversen mit Lavater, Jacobi und dem Preußenkönig Friedrich II., seine Mitarbeit in den literarischen Organen der Berliner Aufklärung, sowie seine Wirkungen auf die deutsche Sprach- und Geistesgeschichte. Ausführlich werden Mendelssohns jüdische Leistungen gewürdigt, seine Bibel- und Psalmenübersetzung, sein Eintreten für glaubensverfolgte jüdische Gemeinden in verschiedenen europäischen Staaten. Eingegangen wird in diesem Zusammenhang auch auf das einst heißumstrittene Werk „Jerusalem, oder über religiöse Macht und Judentum", in dem Mendelssohn seine Ansichten über Kirche und Staat, über die Verwerflichkeit des Glaubenszwanges und die Notwendigkeit unbedingter Gewissensfreiheit darlegte. Erörtert werden schließlich die von Mendelssohn vertretenen Grundsätze über das Verhältnis von Staat und Kirche, über das Verhalten der Staatsgewalt zu den Bekennern der verschiedenen Religionen – Grundsätze, die bis heute noch nicht ihre Gültigkeit verloren haben.

Eine Biographie im herkömmlichen Sinn will vorliegendes Buch nicht sein. Als ich anfing, mich mit Leben und Werk Moses Mendelssohns zu befassen, als ich mit den Vorbereitungen begann, ein Buch über ihn zu schreiben, wußte ich nicht, was mich erwartete. Ich hatte nicht vor, der wissenschaftlichen Forschung Neuland zu erschließen. Einen derartigen Anspruch erhebt vorliegendes Buch nicht, kann ihn auch nicht erheben. Es ist ein Buch, das vielen tüchtigen Vorarbeiten verpflichtet ist. Ich bin an die Arbeit herangegangen, ohne daß ich ein Konzept, ohne daß ich bestimmte Vorstellungen gehabt hätte. Allenfalls hatte ich den Plan, interessierten Lesern etwas in die Hand zu geben, damit sie einen ersten Einblick in Leben und Werk Mendelssohns erhalten. Nach der Lektüre der einschlägigen Mendelssohn-Literatur mußte ich eine Reihe liebgewordener Vorstellungen revidieren. Ich machte beim Schreiben Entdeckungen, die in die Ausführungen eingingen. Herausgekommen ist schließlich der Versuch einer persönlichen Annäherung, der Versuch, die Gefühle und das Denken eines Mannes nachzuvollziehen – eines Mannes, der wie kein anderer durch seine Person und sein Werk das Schicksal der Juden in Deutschland und Europa an der Schwelle zum 19. Jahrhundert bestimmt hat.

Meerbusch, im Frühjahr 1979 — Julius H. Schoeps

Inhaltsverzeichnis

I. Ausbruch aus dem Ghetto

> Es ist wirklich ein Jude; ein Mensch von etlichen und zwanzig Jahren, welcher ohne alle Anweisung in Sprachen, in der Mathematik, in der Weltweisheit, in der Poesie eine große Stärke erlangt hat. Ich sehe ihn im Voraus als eine Ehre seiner Nation an . . .
>
> Lessing an Michaelis 16. Oktober 1754

Moses Mendelssohn wurde am 6. September 1729 in Dessau als Sohn von Mendel (Menachem) Heymann und seiner Frau Bela Rachel Sara geboren. Es waren einfache Verhältnisse, in denen er aufwuchs.[1] Seine Kindheit war von Armut geprägt. Der Vater ernährte die Familie nur mühsam durch die schlecht bezahlte Tätigkeit eines Synagogendieners, der als sogenannter „Schulklopfer" auch die Aufgabe hatte, jeden Morgen an die Türen der Gemeindemitglieder zu klopfen, um diese zum Gottesdienst zusammenzurufen. Ein paar zusätzliche Einkünfte verschaffte er sich aus seiner Arbeit als Schreiber religiöser Texte. Er schrieb Thorarollen und kopierte Passagen aus der Bibel auf Pergamentstreifen, die als „Mesusa" an den Türpfosten Verwendung fanden. Moses und sein jüngerer Bruder Saul halfen dem Vater bei dieser Kopierarbeit. Schon früh gewöhnte sich Moses dadurch eine feine kalligraphische Handschrift an, die zu einem Familiencharakteristikum wurde. In den sauberen Buchungseintragungen seines Sohnes Abraham tauchte sie ebenso auf wie in der exakten Notenschrift seines Enkels Felix Mendelssohn-Bartholdy.

In der damaligen Zeit galt das Dessauer Ghetto als ein kleines Zentrum jüdischer Gelehrsamkeit. Die Gemeinde am Ort war kaum 60 Jahre vorher dadurch entstanden, daß der humane und judenfreundliche Fürst Johann Georg von Dessau, dem Beispiel des Großen Kurfürsten folgend, im Jahre 1672 die Ansiedlung jüdischer Familien gestattet hatte. Zum größten Teil stammten diese Familien aus der Gegend von Halberstadt und aus Polen. Auch die Vorfahren Moses Mendelssohns stammten mütterlicherseits aus Polen. Der Vater seiner Mutter zählte zu seinen Ahnen Saul Wahl (um 1545–1617), der nach der Sage einen Tag lang König von Polen gewesen sein soll.

Mendel Heymann lag die Ausbildung seines Sohnes sehr am Herzen. Er bemühte sich so gut er konnte, sein Bibel- und Talmudwissen an den Sohn weiterzuvermitteln. Kaum fünf Jahre alt, soll sich Moses Mendelssohn bereits erste Kenntnisse des Hebräischen und das Verständnis der alltäglichen Gebete angeeignet haben. Als der Vater den Sohn dem häuslichen Unterricht entwachsen glaubte, brachte er ihn in das „Beth Hamidrasch" (Lehrhaus), damit die Ausbildung, die damals üblicherweise einem jüdischen Knaben zuteil wurde, vervollständigt werde. Es war vor allem das Studium der Bibel, des Talmud, der Midraschim und der Religionskodizes, auf das in diesem Lehrhaus besonderes Gewicht gelegt wurde.

Moses, klüger und aufnahmefähiger als die meisten seiner Mitschüler, begann bald die Lektionen, die ihm täglich im Lehrhaus vermittelt wurden, durch eigene Studien zu ergänzen. Er beschloß, Hebräisch nach der Grammatik statt durch Memorieren zu erlernen und beherrschte es bald so gut, daß er mit zehn Jahren hebräische Gedichte schrieb. Erst später kam er zu der Erkenntnis, daß er keine Begabung zur Dichtkunst besitze. An den Dichter Ephraim Moses Kuh schrieb er vier Jahre vor seinem Tod: „Die Musen, diese Schwestern, die oft den jungfräulichen Eigensinn haben, dem Jünglinge günstig zu sein und dem Manne den Rükken zuzuwenden, diese Mädchen sind mir nie recht gut gewesen, und wie ich glaube, aus Eifersucht gegen ihre Schwester Kritika, der ich manchmal die Aufwartung gemacht habe."[2]

Ein ausgesprochener Glücksfall für den jungen Moses Mendelssohn war, daß er Schüler von David Fränkel (1707–1762),[3] dem bekannten Landesrabbiner im anhaltischen Dessau wurde. Fränkel war ein scharfsinniger, strenggläubiger und dennoch nicht bildungsfeindlicher Gelehrter. Der Einfluß, den dieser bekannte Talmudist auf die geistige Entwicklung des jungen Moses hatte, ist nicht hoch genug einzuschätzen. Es war ein besonders günstiger Umstand, daß Mendelssohn in Fränkel auf den Lehrer stieß, der sich als Gelehrter von der vorherrschenden pilpulistischen Methode der deutschen und polnischen Talmudisten abgewandt hatte und die nüchterne Erklärungsweise der älteren Talmuderklärer bevorzugte. Im Unterricht berücksichtigte Fränkel nicht nur Bibel und Talmud, sondern beschäftigte seinen lernbegierigen Schüler auch mit den Kommentaren derselben. Es gibt einige Hinweise, daß Fränkel bestrebt war, das Interesse seines Schülers auf Maimonides, auf dessen religionsphilosophisches Werk „More newuchim" (Führer der Verirrten) zu lenken.

Als ein Versuch, die Vereinbarkeit von Religion und Vernunft aufzuzeigen, bedeutete dieses 1190 geschriebene Werk einen epochemachenden Schritt in den Bemühungen des Menschen, die Gültigkeit überkommener religiöser Gesetze in einer sich wandelnden Welt zu bewahren. Für Moses Mendelssohns geistigen Werdegang und spätere Denkweise hat Maimonides' Werk, das die Aristotelische Philosophie mit der jüdischen Offenbarungslehre in eigentümlicher Weise verband, eine außerordentliche Rolle gespielt. „Diesem Maimuni", erklärte Mendelssohn später oft in scherzendem Tonfall, „habe ich es zuzuschreiben, daß ich einen so verwachsenen Körper bekommen; er allein ist die Ursache davon; aber deswegen liebe ich ihn doch, denn der Mann hat mir manche trübe Stunde meines Lebens versüßt, und so auf der einen Seite mich zehnfach für das entschädigt, um was er mich in Betracht meines Körpers gebracht hat."[4]

Als David Fränkel 1743 auf den Posten eines Oberrabbiners in Berlin berufen wurde, mußte auch der junge Moses sich entscheiden. Er war in einem Alter, in dem er daran denken mußte, sich nach einem Lebensunterhalt umzusehen. Ihm schien bestimmt zu sein, Hausierer zu werden, mit dem Packen auf dem Rücken über das Land zu ziehen. Ein solches Los widerstrebte Mendelssohn, entsprach nicht den Vorstellungen, die er sich von seinem künftigen Leben machte. In wochenlangen Diskussionen überredete er seine zögernden Eltern, ihn nach Berlin ziehen zu lassen, damit er seine Studien bei Rabbi Fränkel fortsetzen könnte. Der Vater gab ihm schließlich seinen Segen. Allein und mittellos machte sich Moses Mendelssohn auf den Weg, um seinem verehrten Lehrer in die Hauptstadt Preußens nachzufolgen.

Bei welchem der vielen Tore Moses aus Dessau – wie sich der

Vierzehnjährige selbst nannte – nach Berlin hineingelassen wurde, läßt sich nicht mit letzter Gewißheit ermitteln. Vertraut man der Legende, dann war es das Rosenthaler Tor. Es wird berichtet, Moses Mendelssohn habe, als er von einem Torwärter nach dem Zweck seines Aufenthaltes in Berlin gefragt wurde, stotternd erklärt, er wolle lernen, er habe vor, sich von Rabbi Fränkel in Bibel und Talmud ausbilden zu lassen. Der Torwächter, der die Aufgabe hatte, mittellosen Juden den Zutritt nach Berlin zu verwehren, hat sich anscheinend durch das bescheidene Auftreten des Knaben erweichen lassen und ihm das Betreten der Stadt erlaubt. In den Journalen der Wache fand sich an diesem Oktobertag 1743 die Eintragung: „Heute passierten das Rosenthaler Tor sechs Ochsen, sieben Schweine, ein Jude."

Die jüdische Gemeinde in Berlin jählte zu dieser Zeit etwa 330 Familien. Fremden und mittellosen Juden war es kaum möglich, in der Stadt zu bleiben. Es gab nur eine kleine Gruppe „privilegierter" oder „generalprivilegierter" Juden, die bedingte Niederlassungs- und Handelsrechte in der Stadt hatten. Als Moses Mendelssohn 1743 aus Dessau nach Berlin kam, gehörte er zu der Gruppe derjenigen Juden, denen Bürgerrechte und Rechtsschutz überhaupt verweigert wurden und die jederzeit ohne Vorankündigung und ohne Begründung ausgewiesen werden konnten. In der Stadt konnte er anfänglich nur deshalb bleiben, weil die jüdische Gemeinde die Verpflichtung auf sich genommen hatte, für seine Unterkunft und Verpflegung aufzukommen.

Eine Zeit bitteren Elends folgte. Es waren kaum beschreibbare Verhältnisse, in denen Mendelssohn leben mußte. Der Hunger war sein ständiger Begleiter. Nur die Fürsorge von David Fränkel, der sich um ihn kümmerte, so gut er konnte, ließ ihn alle körperlichen Entbehrungen und Mühen überstehen. Fränkel hatte er es zu verdanken, daß er seine in Dessau begonnenen Studien in Berlin fortsetzen konnte.

Mendelssohn lernte – was auf das Strengste verboten war – deutsch lesen und schreiben. Es geschah dies heimlich, da die Rabbiner jener Zeit, die sich zumeist nur des jüdisch-deutschen Jargons bedienten, jeden als Abtrünnigen betrachteten, der sich deutsche Bildung aneignen wollte. Sie fürchteten, mit der deutschen Sprache komme auch weltliches Wissen und damit Unglauben und Ketzerei in die frommen Gemüter ihrer Gläubigen. Sie bestraften jeden, der sich solcher oder ähnlicher „Verbrechen" schuldig machte, mit Bann und Stadtverweisung, wozu sie das Recht von der weltlichen Obrigkeit erhalten hatten. Manchmal konnte schon der Besitz eines deutschen Buches zur Ausweisung aus der Stadt führen. Der Großvater des in der Bismarckzeit bekanntgewordenen Bankiers Bleichröder berichtete: „Ich kam im Jahre 1746 als armer vierzehnjähriger Knabe nach Berlin und fand Moses Mendelssohn in der jüdischen Lehranstalt. Dieser gewann mich lieb, unterrichtete mich im Lesen und Schreiben und teilte oft mit mir sein kümmerliches Brot. Aus Dankbarkeit zeigte ich mich ihm durch kleine Dienstleistungen erkenntlich, und so schickte er mich unter anderem irgendwohin, um ein deutsches Buch zu holen. Mit diesem Buch in der Hand begegnete mir ein jüdischer Armenvorsteher, der mich mit den Worten anfuhr: ‚Was hast du da? Wohl gar ein deutsches Buch!' Sogleich riß er es mir aus der Hand und schleppte mich zum Vogt, dem er den Befehl erteilte, mich aus der Stadt zu weisen. Mendelssohn, der Kenntnis von meinem Schicksal erhielt, gab sich alle Mühe, meine Rückkehr zu bewirken, allein vergeblich."[5]

In seinen frühen Berliner Jahren war Mendelssohn außerordentlich bemüht, sein Wissen zu vertiefen, sich eine umfassende Bildung anzueignen. Bei diesen Bemühungen spielte manchmal der Zufall eine nicht zu unterschätzende Rolle. So ist zum Beispiel die Bekanntschaft, die Mendelssohn mit dem aus Galizien vertriebenen Talmudisten Israel Samoscz (um 1700–1772) machte, von Bedeutung gewesen. Samoscz war ein kluger Kopf, ein äußerst begabter Autodidakt, der Mendelssohn in das Studium der mittelalterlichen jüdischen Religionsphilosophie, in die Grundlagen der Mathematik sowie in die Gesetze der Logik einführte. Mendelssohns späterer berühmter Kommentar von Maimonides' „Millot Ha-Higgayon" (Logik) wäre ohne die Schulung, die er als Heranwachsender durch Samoscz bekommen hatte, kaum denkbar gewesen.

Die Beschäftigung mit der Mathematik und den jüdischen Philosophen des Mittelalters ließ in Mendelssohn den Wunsch erwachen, auch die klassischen Sprachen zu erlernen. Hinderlich war nur der Mangel an Geld. Mendelssohn wußte nicht, wie er sich die für das Studium notwendigsten Bücher anschaffen, geschweige denn einen Lehrer bezahlen sollte. Um sich wenigstens einige Bücher kaufen zu können, begann er Groschen, die er durch Schreibarbeiten verdiente, beiseite zu legen. Bei einem Antiquar kaufte er sich eine alte lateinische Grammatik sowie ein Wörterbuch. Abraham Kisch (1725–1803), ein junger jüdischer Arzt aus Prag, der sich im Jesuiten-Collegium seiner Vaterstadt gute Kenntnisse der alten Sprachen erworben hatte, gab Mendelssohn kostenlos Lateinstunden. Nach kurzer Zeit war Mendelssohn in der Lage, Locke's „Essay Concerning Human Understanding" (1690) in der lateinischen Übersetzung zu lesen. Er verfuhr dabei nach einer äußerst mühevollen Methode, indem er Wort für Wort in seinem Lexikon nachschlug, diese dann aufschrieb und schließlich den Sinn des ganzen Satzes zu entziffern suchte. Auf diese Weise gelang es ihm, sich nicht nur den Inhalt dieses Werkes anzueignen, sondern auch Aristoteles und Plato in lateinischer Übersetzung zu lesen. „Übrigens bin ich nie", äußerte Mendelssohn in späteren Jahren, „auf einer Universität gewesen, habe auch in meinem Leben kein Collegium gehört. Dieses war eine der größten Schwierigkeiten, die ich übernommen hatte, indem ich alles durch Anstrengung und eigenen Fleiß erzwingen mußte."[6]

Von größter Wichtigkeit wurde für Mendelssohn die Bekanntschaft mit Aaron Salomon Gumpertz (1723–1769),[7] dem Enkel des berühmten Elias Gumpertz aus Emmerich, der als Lieferant und Agent dem großen Kurfürsten wichtige Dienste geleistet hatte. In der autobiographischen Notiz, die Mendelssohn 1774 niederschrieb, werden drei Männer namentlich erwähnt: Sein Vater, Rabbi Fränkel und Gumpertz. Es ist behauptet worden, ohne Gumpertz wäre Mendelssohn wohl nie der berühmte Mendelssohn geworden. „Durch den Umgang mit dem nachherigen Doctor der Arzneigelartheit, Herrn Aron Gumperz", schrieb Mendelssohn nach dessen Tod, „habe ich Geschmack an den Wissenschaften [gewonnen], dazu ich auch von demselben einige Anleitung erhielt."[8]

Es war Gumpertz, der Mendelssohn dazu brachte, sich Kenntnisse der englischen und der französischen Sprache anzueignen. Er war es auch, der Mendelssohns Interesse für Leibniz und Wolff, die damaligen Häupter der neueren Philosophie, weckte. Ihm hatte er es zu verdanken, daß er seine bis dahin sprichwörtliche Schüchternheit ablegte, sich zu einem selbstbewußten jungen Mann entwickelte, der auf sein inzwischen erworbenes Wissen und die angelernten Fähigkeiten stolz war. Durch Gumpertz wurde er in die gebildeten Kreise Berlins eingeführt, durch ihn wurde er dem Marquis d'Argens, Prémontval, Sulzer und Maupertuis, dem Präsidenten der Berliner Akademie, vorgestellt. Mendelssohn war in den Häusern dieser Männer ein gerngesehener Gast, der als angenehmer Gesellschafter auch deshalb empfunden wurde, weil er ein glänzender Schachspieler war. Gumpertz und dem Schachspiel verdankte er schließlich auch die Bekanntschaft mit Lessing – eine Bekanntschaft, die sein Leben entscheidend beeinflussen und verändern sollte.

Mendelssohn hörte nie auf, Gumpertz ein dankbares Andenken zu bewahren. In einem der frühen Briefe Mendelssohns an Gumpertz heißt es: „Wer Sie näher kennt, theuerster Freund! und Ihre Talente zu schätzen weiß, dem kann es gewiß an keinem Exempel fehlen, wie leicht sich glückliche Geister ohne Vorbild und Erziehung emporschwingen, ihre unschätzbaren Gaben ausarbeiten, Geist und Herz bessern und sich zu dem Range der größten Männer erheben können."[9] Und in einem Brief, den Mendelssohn am 16. Juni 1761 seiner Braut nach Hamburg schrieb, wird die Verehrung besonders deutlich, die er Gumpertz gegenüber empfand: „Ihm allein habe [ich] alles zu danken, was ich in Wissenschaften profitirt habe."[10]

Eines der ersten Bücher, die Mendelssohn in deutscher Sprache las, waren die „Betrachtungen über die Augsburgische Confession" von Johann Gustav Reinbeck.[11] Es war ein Buch, das Mendelssohn mit Fragen der christlichen Theologie bekannt machte. Angeblich soll dieses Werk den jungen Mendelssohn sehr beschäftigt haben. Der philosophische Teil der „Betrachtungen" handelte von den Beweisen für das Dasein Gottes – ein Thema, das Mendelssohn Zeit seines Lebens nicht wieder losgelassen hat.

Der Anziehungskraft der herrschenden Schulphilosophie konnte Mendelssohn sich nicht entziehen. Er las Leibniz' „Essai de Théodicée" und Wolff's „Vernünftige Gedanken". Eingehend begann er, sich mit Christian Wolff's lateinisch geschriebenen Schriften zur Ontologie zu befassen. Viele Nächte brachte er beim Studium der Schriften von Alexander Baumgarten, Michael Gottlieb Hansch und Georg Bernhard Bilfinger zu. Mendelssohn wurde ein überzeugter Wolffianer. Mehr als Wolff verehrte er aber noch Leibniz, dessen Anschauungen seinen philosophischen Standpunkt entscheidend geprägt haben. Auch wenn Mendelssohn später eigene Wege ging, es ist sein Verdienst, die Leibniz-Wolff'sche Philosophie aus dem Bann starrer systematischer Geschlossenheit befreit, die Resultate der Aufklärungsphilosophie in leicht flüssiger und allgemein verständlicher Form einem größeren Kreis von Gebildeten zugänglich gemacht zu haben.

Lieblingsschriftsteller des jungen Mendelssohn blieb lange Zeit John Locke. Über ihn fand er den Zugang zur Leibniz-Wolff'schen Philosophie. Besonders Lockes Hauptwerk „An Essay Concerning Human Understanding" blieb nicht ohne Eindruck auf ihn. In Locke achtete er den Philosophen, der es gewagt hatte, bürgerliche Freiheiten für jedermann zu verlangen. In ihm bewunderte er den Mann der Toleranz, der offen erklärt hatte, niemand dürfe seiner Anschauungen oder seines Religionsbekenntnisses wegen benachteiligt oder verfolgt werden. Was Mendelssohn an englischen Denkern wie Locke oder Shaftesbury faszinierte, erfahren wir aus einem Brief, den er Lessing schrieb: „Die Franzosen philosophiren mit dem Witze, die Engländer mit der Empfindung."[12]

Die 1755 anonym erschienene Erstlingsschrift „Philosophische Gespräche" zeigt Mendelssohn noch unentschieden und läßt noch keinen festen Standpunkt erkennen.[13] Er gibt sich als Anhänger der Leibniz'schen Philosophie aus, verschweigt aber auch nicht, daß er sich mit der Person und dem Gedankensystem des Amsterdamer Philosophen Spinoza befaßt habe. Mendelssohns Sympathien für Spinoza – ähnlich denen von Leibniz, der sich mit ihm in seiner „Théodicée" auseinandergesetzt hatte – sind offensichtlich. „Das Unglück dieses Mannes", erklärt in den

„Gesprächen" Philopon, „hat mich jederzeit ungemein gerührt. Er lebte mäßig, eingezogen und untadelhaft; er entsagte allen menschlichen Ergötzungen, widmete sein ganzes Leben dem Nachdenken, und siehe! er geräth in dem Labyrinthe seiner Betrachtungen auf Abwege und behauptet vieles aus Irrthum, das mit seinem schuldlosen Lebenswandel sehr wenig übereinstimmt und das der verworfene Bube wünscht, um ungestraft seinen bösen Lüsten fröhnen zu können. Wie unrecht ist der unversöhnliche Haß der Gelehrten wider einen solchen Unglücklichen!" Philopons Gesprächspartner Neophil ergänzt dies durch die Feststellung: „Diese Leute glauben der guten Sache der Religion keinen kleinen Nachdruck zu geben, wenn sie die Widersacher derselben mit Schimpf belegen, und mit Lästerungen gleichsam überschütten. Allein sie richten mehr Schaden an, als sie Nutzen zu stiften glauben."[14]

Mendelssohns „Philosophische Gespräche" waren der Versuch, Leibniz' „prästabilirte Harmonie" auf die Lehre Spinozas zurückzuführen – ein Versuch, der nicht neu war,[15] aber ganz den Beifall seines Freundes Lessing fand. Später hat Lessing seine Meinung geändert. Als die „Gespräche" 1761 in einer Überarbeitung erschienen, hat Lessing Zweifel geäußert, ob die beiden Lehren überhaupt miteinander zu vereinbaren seien. „Ich muß Ihnen gestehen", schrieb er in einem Brief am 17. April 1763, „daß ich mit Ihrem ersten Gespräche seit einiger Zeit nicht mehr so recht zufrieden bin. Ich glaube, Sie waren damals, als Sie es schrieben, auch ein kleiner Sophist, und ich muß mich wundern, daß sich noch niemand Leibnizens gegen Sie angenommen hat."[16]

Was dem heutigen Leser der „Philosophischen Gespräche" auffällt, ist die Einstellung ihres Verfassers, das Bekenntnis zur deutschen Sprache und zur deutschen Kultur. Entgegen der damals allgemein verbreiteten Schwärmerei für französischen Geschmack und französische Literatur spricht sich Mendelssohn gegen die „Gallomanie" aus, gegen die „sklavische Nachäffung" alles dessen, was aus Frankreich stammt. In den „Gesprächen" attackiert Mendelssohn heftig den Einfluß der französischen Literatur auf die deutsche. Er äußert Unverständnis, daß Männer wie Voltaire und d'Argens in Deutschland gefeierte Schriftsteller seien. In den „Gesprächen" gibt Mendelssohn in den Worten Neophils seinem Widerwillen gegen das „witzelnde und tändelnde Treiben" der Franzosen Ausdruck: „Dieses Volk, welches seit dem P. Malebranche keinen einzigen metaphysischen Kopf aufzuweisen hat, sah wohl, daß die Gründlichkeit sein Werk nicht sey; es machte daher die Artigkeit der Sitten zu seinem einzigen Augenmerke, und übte den spöttischsten Witz gegen die, welche tiefsinnigen Betrachtungen nachhingen, und in der großen Welt nach einer gewissen übertriebenen Zärtlichkeit des Geschmacks nicht zu leben wußten. Die wenigen Weltweisen, die es noch hatte, fingen an, ihre runtzliche Stirn aufzuheitern, und wurden artig. Endlich dachten sie auch artig. Sie schrieben Werke *pour les Dames, à la portée de tout le monde* usw., und lachten aus vollem Halse über die düsteren Köpfe, deren Schriften noch etwas mehr enthielten, als das schöne Geschlecht lesen will. Die ehrlichen Deutschen lachten mit. Und wie konnten sie auch anders? Sie, die gerne die Hälfte ihres Verstandes dahin gäben, wenn ihnen die Franzosen nur zugestehen wollten, daß sie zu leben wissen." Philopon, der Neophils Äußerungen aufnimmt, stellt dann die Fragen: „Werden denn die Deutschen niemals ihren eigenen Werth erkennen? Wollen sie ewig ihr Gold für das Flittergold ihrer Nachbarn vertauschen?"[17]

Vielen Zeitgenossen nötigte es Respekt ab, daß Mendelssohn in seiner Gesinnung nationaler war, als die meisten Deutschen seiner Zeit. Dies und sein Ruf als junger Philosoph, der die deutsche Sprache und die deutschen Sitten formvollendet beherrsche, öffnete Mendelssohn die Türen der Salons. Er wurde herumgereicht und bestaunt. Hochgestellte Persönlichkeiten wollten den mittlerweile zu einiger Bekanntheit gelangten Mendelssohn kennenlernen. Als sich 1755 in der bis dahin ziemlich öden preußischen Hauptstadt ein „gelehrtes Kaffeehaus" bildete, in dem neben Nicolai, Gumpertz und Euler eine Reihe berühmter Männer verkehrten, war es fast selbstverständlich, daß die Gründer auch Mendelssohn die Mitgliedschaft antrugen. Alle vier Wochen fanden in dieser Kaffeehaus-Gesellschaft Veranstaltungen statt, bei denen sich Mendelssohn durch geistreiche und schlagfertige Äußerungen den Ruf erwarb, ein Bel-Esprit zu sein. Als bei einer der Abendveranstaltungen im heiteren Gespräch der Vorschlag gemacht wurde, jeder der Anwesenden möge doch etwas zu den Fehlern der eigenen Person sagen, soll Mendelssohn – er war Verwachsen und hatte einen starken Höcker, außerdem stotterte er – schnell niedergeschrieben haben:

„Groß nennt ihr den Demosthen,
Den stotternden Redner von Athen,
Den höckrigen Aesop haltet ihr für weise –
Triumph! Ich werd' in Eurem Kreise
Doppelt groß und weise sein,
Denn Ihr habt bei mir im Verein,
Was man bei Aesop und Demosthen
Hat getrennt gehört und geseh'n."[18]

Schon früh war es Mendelssohn klar geworden, daß er nicht vom Beruf eines Philosophen leben konnte. Im Alter von einundzwanzig Jahren hatte er bereits angefangen, sich nach einer einträglichen Beschäftigung umzusehen. Er hätte leicht in David Fränkels Fußstapfen treten und Rabbiner werden können. Aber das war nicht die Beschäftigung, die er anstrebte. Seine Interessen hatten sich inzwischen so stark geändert, daß jeder Gedanke an eine geistliche Laufbahn aus seinem Kopf verdrängt wurde. Mit der Stellung, die er schließlich annahm, traf er eine glückliche Entscheidung. Im Jahre 1750 engagierte ihn Isaak Bernhard (Bermann Ziltz), ein reicher jüdischer Seidenwarenfabrikant, als Hauslehrer für seine vier Kinder. Für Mendelssohn bedeutete diese Anstellung den Beginn eines neuen Lebensabschnittes. Er erhielt ein regelmäßiges Gehalt und hatte immer noch Zeit für seine Studien. Das neugewonnene Einkommen reichte außerdem noch aus, Musikunterricht zu nehmen und gelegentlich Konzerte und Theateraufführungen zu besuchen.

Vier Jahre lang blieb Mendelssohn in Bernhards Haus und unterrichtete dessen Kinder in geistlichen und weltlichen Themen. Als alle Kinder das Schulalter überschritten hatten und Mendelssohn als Hauslehrer nicht mehr benötigt wurde, machte Bernhard ihm das Angebot, als Buchhalter in sein Geschäft einzutreten. Mendelssohn nahm an. Es war dies eine Aufgabe, bei der er seine rasche Auffassungsgabe, seine rechnerischen Fähigkeiten und seine bekanntermaßen schöne Handschrift gut einsetzen konnte. Die Zeit der Einarbeitung in die neue Stellung fiel Mendelssohn nicht leicht. Er saß von morgens acht bis abends um neun am Schreibtisch. Seine Lage fing sich nur allmählich an zu bessern. Im April 1756 schrieb er Lessing, daß im nächsten Sommer sein Lebensstil eine Änderung erfahren werde. Er wolle dann im Comptoir nicht länger als sechs Stunden arbeiten, nur von acht Uhr morgens bis zwei Uhr nachmittags. Die übrigen Stunden des Tages habe er vor, für seine eigenen Studien zu verwenden.[19]

Im Laufe der Zeit wurde Mendelssohn Prokurist, schließlich sogar Teilhaber an Bernhards Seidenwarengeschäft. Er wurde ein erfolgreicher Geschäftsmann, der bis zu seinem Lebensende ein gutes Auskommen hatte. Begeistert war er von dieser Tätigkeit jedoch nie. „Die Geschäfte! die lästigen Geschäfte!" beklagte sich Mendelssohn in einem Brief vom Mai 1763 an Lessing. „Sie drükken mich zu Boden, und verzehren die Kräfte meiner besten Jahre. Wie ein Lastesel schleiche ich mit beschwertem Rücken meine Lebenszeit hindurch, und zum Unglück sagt mir die Eigenliebe oft ins Ohr, daß mich die Natur vielleicht zum Paradepferd geschaffen hat. Was ist zu thun, mein lieber Freund? Wir wollen uns einander bedauern, und zufrieden seyn. So lange die Liebe zu den Wissenschaften bei uns nicht erkaltet, haben wir noch eine gute Hoffnung."[20]

Anmerkungen

1 Ausführlich hierzu Alexander Altmann, Moses Mendelssohns Kindheit in Dessau, in: BLBI, 10, No. 40/1967, S. 237–275.

2 M[eyer] Kayserling, Der Dichter Ephraim Kuh, Berlin 1864, S. 27.

3 Vgl. Max Freudenthal, Rabbi David Fränckel, in: Gedenkbuch zur Erinnerung an David Kaufmann, hrsg. von Marcus Brann und Ferdinand Rosenthal, Breslau 1900, S. 569–598.

4 Kayserling[2], S. 5.

5 GS. Bd. I, S. 9.

6 JubA, Bd. XII/2, 45.
7 Meyer, Bibliographie, S. 93, Nr. 516–518.
8 JubA, Bd. XII/2, S. 44.
9 JubA, Bd. XI, S. 12.
10 JubA, Bd. XI, S. 220.
11 Johann Gustav Reinbeck, Betrachtungen über die in der Augspurgischen Confession enthaltene und damit verknüpfte Göttliche Wahrheiten, Teil 1, Berlin/Leipzig 1740.
12 GS, Bd. V, S. 150.
13 Über die Entstehung der „Gespräche" berichtet Joseph, der Sohn Mendelssohns, unter Berufung auf seinen Vater: Lessing habe Mendelssohn eine Schrift Shaftesburys geliehen. Bei der Rückgabe soll er erklärt haben, so etwas könne er auch schreiben und bald darauf dem Freund das Manuskript der „Gespräche" gebracht. Lessing habe dann das Manuskript ohne Wissen des Autors in den Druck gegeben (GS, Bd. I, S. 13).
14 JubA, Bd. I, S. 15.
15 In einer 1712 geschriebenen Dissertation eines R. Andala („Dissertatio de unione mentis et corporis physica") wird Leibniz geradezu als Plagiator bezeichnet, weil er, ohne Spinoza zu nennen, den Gedanken der prästabilierten Harmonie für sich in Anspruch nimmt. Vgl. die Einleitung von Fritz Bamberger JubA, Bd. I, S. XXI.
16 JubA, Bd. XII/1, S. 7f.
17 GS, Bd. I, S. 37.
18 JubA, Bd. I, S. 13f.
19 JubA, Bd. XI, S. 39.
20 JubA, Bd. XII/1, S. 9.

II. Lessing und Nicolai

> Ich besuche Herrn Nicolai sehr oft in seinem Garten. Ich liebe ihn wirklich, theuerster Freund! und ich glaube, daß unsere Freundschaft noch dabei gewinnen muß, weil ich in ihm Ihren wahren Freund liebe
>
> Mendelssohn an Lessing 2. August 1756

> Sie sind mein Freund, ich will meine Gedanken von Ihnen geprüft, nicht gelobt haben. Ich sehe Ihren ferneren Einwürfen mit dem Vergnügen entgegen, mit welchem man der Belehrung entgegensehen muß.
>
> Mendelssohn an Lessing 28. November 1756

Anfang 1754 brachte Gumpertz Mendelssohn mit dem jungen Dichter Gotthold Ephraim Lessing (1729–1781) zusammen. Anlaß der ersten Begegnung war das Schachspiel. Gumpertz hatte Lessing, der gerne eine Partie machte, den schüchternen Mendelssohn als guten Schachspieler empfohlen, in der Hoffnung, daß diesem dadurch eine neue Bildungsquelle erschlossen werde. Lessing fand auch bald Gefallen an dem bescheidenen, vielfach gebildeten und interessierten Mendelssohn. In Lessing verehrte Mendelssohn wiederum den edlen Menschen, den tiefen Denker, den talentvollen Dichter und warmherzigen Judenfreund. Es war dies der Anfang einer Freundschaft, die Literaturgeschichte machen sollte.

Lessing war damals ebenso wie Mendelssohn fünfundzwanzig Jahre alt. Er stand am Anfang einer Entwicklung, die ihn zu einer der berühmtesten Gestalten der deutschen Aufklärung machen sollte. In einem seiner ersten Werke, dem 1749 entstandenen Lustspiel „Die Juden", hatte Lessing bereits bewiesen, daß er ein Mann der Vorurteilslosigkeit und der Toleranz war. In dem Stück hatte er sich für die entrechteten und drangsalierten Juden eingesetzt, ihre Gleichbehandlung mit der übrigen Bevölkerung gefordert. Lessing hatte zeigen wollen, daß gute und schlechte Menschen überall vorkommen – unter den Juden als auch unter den Christen. Äußerungen dieser Art wurden als eine unerhörte Kühnheit empfunden, mußten helle Empörung bei allen Sittlichkeitspächtern und Heuchlern auslösen. Der junge Pfarrerssohn scheute sich nicht, zu denken und zu schreiben: „Wenn ein Jude betriegt, so hat ihn, unter neun malen, der Christ vielleicht siebenmal dazu genötiget. Ich zweifele, ob viel Christen sich rühmen können, mit einem Juden aufrichtig verfahren zu seyn: und sie wundern sich, wenn er ihnen gleiches mit gleichem zu vergelten sucht? Sollen Treu und Redlichkeit unter zwei Völkerschaften herrschen, so müssen beyde gleich viel dazu beytragen. Wie aber, wenn es bei der einen ein Religionspunkt und beynahe ein verdienstliches Werk wäre, die andere zu verfolgen?"[1]

Als im Juni 1754 im „Göttinger Gelehrtenanzeiger" aus der Feder des bekannten Orientalisten Johann David Michaelis (1717–1791) eine Kritik von Lessings „Juden" erschien, fühlte sich Mendelssohn herausgefordert. In Form eines Briefs an Gumpertz, den Lessing in der „Theatralischen Bibliothek" abdrucken ließ, antwortete er auf Michaelis' Besprechung. Auf die Behauptung, daß es unwahrscheinlich, fast unmöglich sei, daß sich unter den Juden ein so „edler Charakter" befinde, wie er in Lessings Stück gezeigt sei – auf diese Behauptung entgegnete Mendelssohn: „. . . mit welcher Stirn kann ein Mensch, der noch ein Gefühl der Redlichkeit in sich hat, einer ganzen Nation die Wahrscheinlichkeit absprechen, einen einzigen ehrlichen Mann aufweisen zu können? Einer Nation, aus welcher, wie sich der Verfasser der „Juden" ausdrückt, alle Propheten und die größten Könige aufstanden? Ist sein grausamer Richtspruch gegründet? Welche Schande für das menschliche Geschlecht! Ungegründet? Welche Schande für ihn!" Und weiter hieß es in der Entgegnung: „Ist es nicht genug, daß wir den bittersten Haß der Christen auf so manche grausame Weise empfinden müssen; sollen auch diese Ungerechtigkeiten wider uns durch Verleumdungen gerechtfertigt werden? Man fahre fort uns zu unterdrücken, man lasse uns beständig mitten unter freyen und glückseligen Bürgern eingeschränkt leben, ja man setze uns ferner dem Spotte und der Verachtung aller Welt aus; nur die Tugend den eintzigen Trost bedrängter Seelen, die einzige Zuflucht der Verlassenen, suche man uns nicht gänzlich abzusprechen."[2]

Lessing übersandte die in der „Theatralischen Bibliothek" veröffentlichte Stellungnahme Mendelssohns, die ohne Namensnennung erfolgt war, an den Göttinger Professor. „Nur des eingerückten Briefes wegen, bin ich einigermaßen in Sorgen" hieß es im beiliegenden Brief Lessings an Michaelis vom 16. Oktober 1754. „Wenn einige Ausdrücke darin vorkommen sollten, die ich nicht billige, die ich aber kein Recht gehabt habe zu ändern, so bitte ich Ew. Wohlgeboren beständig auf den Verfasser zurückzusehen. Es ist wirklich ein Jude; ein Mensch von etlichen und zwanzig Jahren, welcher ohne alle Anweisung in Sprachen, in der Mathematik, in der Weltweisheit, in der Poesie eine große Stärke erlangt hat. Ich sehe ihn im Voraus als eine Ehre seiner Nation an, wenn ihn anders seine eigenen Glaubensgenossen zur Reife kommen lassen, die allezeit ein unglücklicher Verfolgungsgeist wider Leute seinesgleichen getrieben hat. Seine Redlichkeit und sein philosophischer Geist läßt mich ihn im Voraus als einen zweiten Spinoza betrachten, dem zur völligen Gleichheit mit dem erstern nichts als seine Irrthümer fehlen werden."[3]

Aus der Freundschaft zwischen Mendelssohn und Lessing wurde bald eine literarische Partnerschaft. Mendelssohn hatte es Lessing zu verdanken, daß seine „Philosophischen Gespräche" im Druck erschienen. Das Manuskript, das er ihm einige Monate vorher zum Lesen zukommen ließ, hatte dieser seinem Verleger gebracht und – am Anfang vermutlich ohne Wissen Mendelssohns – drucken lassen. In der Öffentlichkeit war man davon überzeugt, daß Lessing diese Abhandlung geschrieben habe, bis Mendelssohn sich in einem Brief vom 7. September 1755 an Michaelis als Verfasser zu erkennen gab, wobei er bemerkte, er sei ein Jude, „deßen zeitliche Umstände es erfordern, niemandem außer sehr wenigen Freunden für etwas mehr als ein Buchhalter bekandt zu seyn."[4] Als man erfuhr, daß Mendelssohn der Autor der „Gespräche" war, wirkte dies wie eine kleine Sensation. Wahrscheinlich hat das Rätseln um die Verfasserschaft das Interesse des Publikums weit stärker bestimmt als der Inhalt des kleinen Werkes.

Mit Lessing zusammen machte Mendelssohn 1755 Front gegen die Königliche Akademie in Berlin. Diese hatte nämlich einen Preis für die beste Arbeit zu dem Thema „Das philosophische System des Alexander Pope" ausgeschrieben. Insbesondere sollte auf die Frage eingegangen werden, ob der englische Dichter im Recht gewesen sei, als er in seinem „Essay on Man" den Ausspruch tat: „Whatever is, is right" und „All is good." Die Wahl war auf dieses Thema gefallen, weil Maupertuis, Prémontval und andere Akademiemitglieder sich von den Einsendungen eine Kritik der Leibniz'schen Philosophie und deren Grundlagen erhofften. Sowohl Lessing als auch Mendelssohn hielten das Thema wie auch den ganzen Wettbewerb für unsinnig. Mendelssohn ärgerte sich, daß man der Schule, zu der er sich bekannte, zu Leibe rücken wollte. Lessing erblickte in dem Wettbewerb eine Möglichkeit, sich über die Ignoranz der Akademiemitglieder lustig zu machen. Sie beschlossen, das gestellte Thema in einer Schrift unter dem Titel „Pope, ein Metaphysiker" satirisch abzuhandeln. Die Schrift, die beide gemeinsam verfaßten, wurde von ihnen jedoch nicht für den Wettbewerb eingereicht. Lessing hielt sie zurück – veröffentlicht wurde sie erst im Herbst 1755 – weil Mendelssohn nicht wollte, daß sein Name genannt werde. „Gesetzt nun", schrieb Lessing an Mendelssohn am 18. Februar 1755, „daß wir aus dieser gelehrten Lotterie das größte Loos gezogen hätten; was meinen sie wohl, daß alsdann geschehen wäre? Sie hätten *wollen* verborgen bleiben, und ich hätte es *müssen* bleiben. Wenn ich alsdenn niemand genennt hätte, so hätten wir unsre Schrift auch nicht einmahl dürfen drucken lassen, oder wir wären doch zuletzt verrathen worden. Ist es also nicht besser, daß wir den uneigennützigen Weltweisen spielen, und unsere Entdeckungen der Welt ohne 50 Dukaten überlassen?"[5]

Vor seinem Entschluß, Oktober 1755 Berlin in Richtung Leipzig zu verlassen, hatte Lessing Mendelssohn das Versprechen abgenommen, Rousseau's berühmte Schrift „Discours sur l'origine et la fondements de l'inégalité parmi les hommes" (1753) zu übersetzen und mit einem kritischen Kommentar zu versehen. Bereits Ende Dezember 1755 schrieb Mendelssohn an Lessing: „Die Übersetzung vom Rousseau ist bald fertig. Noch 3 Bogen sind ohngefähr zu drucken. Der Schwanz ist nicht so fett, wie sie aus Gefälligkeit glauben wollen. Ich kann in sehr wenigen Stücken mit Rousseau uneins seyn ..."[6] Als die Übersetzung[7] im Januar 1756 in der Voss'schen Buchhandlung erschien, äußerte Mendelssohn, daß ihm die Arbeit viel Vergnügen bereitet, er aber „nicht selten gewünscht habe, der Verfasser hätte mit seiner göttlichen Beredtsamkeit eine bessere Sache vertheidigt".[8] Im „Sendschreiben an Lessing" – abgedruckt im Anhang zur Rousseau'schen Schrift – kritisierte Mendelssohn den kulturfeindlichen Pessimismus des Genfer Philosophen, den er für eine Hypothese hält, die „aller Sittlichkeit zuwider zu laufen scheint".[9] Mendelssohn scheut sich nicht, seine eigene Ansicht von der Entwicklungsfähigkeit des Menschengeschlechtes in moralischer und intellektueller Hinsicht derjenigen von Rousseau gegenüberzustellen. Dem „Sendschreiben" angefügt war noch eine „Nachschrift", in der Mendelssohn die weiteren ethischen Konsequenzen nachweist, die sich als Wirkungen der Rousseau'schen Misantropie ergeben müssen.[10]

Das „Sendschreiben" interessiert aber noch aus einem anderen Grund. Es ist eines der frühesten Zeugnisse einer Freundschaft, die fünfundzwanzig Jahre – durch nichts getrübt – gehalten hat. Wie sehr Mendelssohn Lessing verehrte, welchen Wert er dieser Freundschaft zumaß, wird aus einer Stelle des „Sendschreibens" besonders deutlich: „Verzeihen Sie, bester Freund, meine Unachtsamkeit! Welch ein Unglück, wenn Sie hieraus die Folge zögen, daß ich der Freundschaft abgestorben sey. Jedoch Sie können dieses nicht. Mein empfindliches Hertz ist Ihnen allzu sehr bekandt, und Sie wissen, wie weit es dem Gefühle der Freundschaft offen steht. Sie haben allzuoft nicht ohne Vergnügen bemerket, wie viel Macht ein freundschaftlicher Blick von Ihnen auf mein Gemüthe gehabt hat; wie er vermögend gewesen ist, allen Gram aus meiner Brust zu verbannen, und mein Gesicht plötzlich mit fröhlichen Mienen zu beziehen. Sollte Ihre kurze Abwesenheit mein Hertz in einen Stein verwandelt haben? Nein, theuerster Leßing! die allmächtige Macht der Freundschaft hat mich in Verwirrung gesetzt."[11]

Nach dem Weggang Lessings aus Berlin im Herbst 1755 schloß

Mendelssohn sich enger an den um vier Jahre jüngeren Buchhändlerssohn Friedrich Nicolai (1733–1811) an, dessen Bekanntschaft er Ende des Jahres 1754 gemacht hatte.[12] Der Umstand, daß beide Autodidakten waren, beide ihren Lebensunterhalt als Geschäftsleute verdienen mußten, trug dazu bei, daß aus einer nur flüchtigen Bekanntschaft bald eine herzliche Freundschaft wurde. In der Woche kamen Mendelssohn und Nicolai wenigstens zwei- oder dreimal zusammen, um sich über ein beide beschäftigendes Thema auszutauschen. Nicolai war es auch, der Mendelssohns Interessen auf die Literatur und die Literaturkritik lenkte. Über diese neue, sein Leben beeinflussende Entwicklung berichtete Mendelssohn am 2. August 1756 an Lessing: „Ich bin der grübelnden Metaphysik auf einige Zeit ungetreu geworden. Ich besuche Hrn. Nicolai sehr oft in seinem Garten (Ich liebe ihn wirklich, theuerster Freund! und ich glaube, daß unsre Freundschaft noch dabey gewinnen muß, weil ich in ihm Ihren wahren Freund liebe). Wir lesen Gedichte, Herr Nicolai liest mir seine eignen Ausarbeitungen vor, ich sitze auf meinem kritischen Richterstuhl, bewundre, lache, billige, tadle, bis der Abend herein bricht. Dann denken wir noch einmahl an Sie, und gehen, mit unsrer heutigen Verrichtung zufrieden, von einander. Ich bekomme einen ziemlichen Ansatz zu einem Belesprit. Wer weiß, ob ich nicht gar einst Verse mache? Madame Metaphysik mag es mir verzeihen . . . Ihre und Nicolai Freundschaft hat es dahin gebracht, daß ich dieser ehrwürdigen Matrone einen Theil meiner Liebe entzogen, und ihn den schönen Wissenschaften geschenkt habe . . ."[13]

Der Umgang mit Nicolai ist es wohl gewesen, der Mendelssohns Sinn für eigene poetische Versuche weckte. Am 29. April 1757 schickte er Lessing das Fragment eines selbstverfaßten „didactischen" Gedichtes („Jetzt liegt der träge Schwarm, von steten Qualen matt / Nachlässig hingestreckt auf weicher Lagerstatt"),[14] das den Freund zu einer kaum verhaltenen Kritik anregte. Lessing sprach unverblümt aus, daß Mendelssohn besser beraten sei, wenn er seine Zeit statt mit Poesie mit der Philosophie zubringe. Mendelssohn hat sich diesen Rat offenbar sehr zu Herzen genommen, denn er befaßte sich später nur noch mit Übersetzungen und dem Schreiben von Predigten und synagogalen Hymnen. Für den Hofmusicus Johann Philipp Kirnberger schrieb er zum Beispiel 1758 einen Bußpsalm, den dieser vertont hat. Er übersetzte einige der Verse des englischen Dichters Alexander Pope (1688–1744), dessen Werke er gut kannte. In diesem Zusammenhang sind auch Mendelssohns Shakespeare-Übertragungen zu nennen, die nicht nur biographisch, sondern auch literaturhistorisch von einigem Interesse sind. Lange bevor die berühmte Bearbeitung von Schlegel und Tieck eine Woge der Begeisterung für Shakespeare in Deutschland auslöste, fertigte Mendelssohn Übersetzungen von Ariels Lied „There the bee sucks", „You spotted snackes" aus dem „Sommernachtstraum" an. Seine Übertragung von Hamlets berühmten Monolog „To be, or not to be" liest sich so:

Seyn oder nicht seyn; dieses ist die Frage!
Ists edler, im Gemüth des Schicksals Wuth
Und giftige Geschooss zu dulden; oder
Sein ganzes Heer von Qualen zu bekämpfen,
Und kämpfend zu vergehn. – Vergehen? – Schlafen!
Mehr heisst es nicht. Ein süsser Schlummer ists,
Der uns von tausend Herzensangst befreyt,
Die dieses Fleisches Erbtheil sind. – Wie würdig
Des frommen Wunsches ist vergehen, schlafen!
Doch schlafen? – Nicht auch träumen? Ach, hier liegt
Der Knoten! Träume, die im Todesschlaf
Uns schrecken, wenn einst dieß Fleisch verwest,
Sind furchtbar. Diese lehren uns geduldig
Des langen Lebens schweres Joch ertragen.
Wer litte sonst des Glückes Schmach und Geißel,
Der Stolzen Uebermuth, die Tyranney
Der Mächtigen, die Qual verschmähter Liebe,
Den Missbrauch der Gesetze, und jedes Schalks
Verspottung der Verdienste, mit Geduld?
Könnt uns ein bloßer Dolch die Ruhe schenken,
Wo ist der Thor, der unter dieser Bürde
Des Lebens länger seufzete? – Allein
Die Furcht vor dem, was nach dem Tode folgt,

Das Land, von da kein Reisender zurück
Auf Erden kam, entwaffnen unsern Muth.
Wir leiden lieber hier bewusste Quaal,
Eh wir zu jener Ungewissheit fliehen. –
So macht uns alle das Gewissen feige!
Die Ueberlegung kränkt mit bleicher Farbe
Das Angesicht des feurigsten Entschlusses.
Dies unterbricht die größte Unternehmung
In ihrem Lauf, und jede wichtige That
Erstirbt ..."[15]

Mendelssohn und Nicolai waren sich einig in dem Bemühen, gemeinsam ihren Bildungshorizont zu erweitern. In den zahllosen wissenschaftlichen Gesprächen, die sie miteinander führten, versuchten beide, ihre Denk- und Kritikfähigkeit zu schulen. „Es war ihm ... sehr angenehm", erinnerte sich Nicolai später, „an mir jemand zu finden, mit dem er sich über seine Lieblingsmaterien unterhalten konnte. Ich war, so wie er, dem System [gemeint ist hier das Cartesianische System] nicht ausschließlich ergeben, also gaben unsere beiderseitige ganz verschiedene Zweifel vom Anfang an viel Gelegenheit zum Disputieren, wodurch uns beiden viele Ideen heller wurden ..."[16] Nicolai berichtete, daß auch Lessing an diesen Gesprächen teilnahm, wenn er sich in Berlin aufhielt. Sie sollen dann äußerst lebhaft gewesen sein.

Nicolai war es, der Mendelssohn dazu anregte, sich mit der Erlernung des Griechischen zu befassen. Er brachte ihn zu Christian Tobias Damm (1699–1778), dem Direktor des Köllnischen Gymnasiums in Berlin, der beiden die Grundlagen der Sprache beibrachte. Bei Damm lernte Mendelssohn den Homer, später Plato im griechischen Originaltext zu lesen.[17] Mendelssohn war es, der Nicolai an philosophische und mathematische Fragestellungen heranführte, der ihn für die Philosopheme Shaftesbury's, Humes, Spinozas und Newtons interessierte. „Ein Jahr lang" hätten sie, äußerte Nicolai später, „eine fortdauernde Unterhaltung ... über Newton's Principia philosophiae naturalis mathematica" geführt, eine Unterhaltung, „welche wohl Lehrstunden gleichgeschätzt ja vorgezogen zu werden verdienten; denn ich konnte durch meinen Freund alles was mir dunkel war sogleich erläutert, meine Zweifel sogleich aufgelöset sehen."[18] Nicolai erinnerte sich, daß er von Mendelssohn auch in die jüdische Mystik, in die Welt der Kabbalisten eingeführt wurde. „Er setzte auseinander, daß das fremde Ansehen der Sätze dieser orientalischen Philosophen und ihre Dunkelheit, aus der Armuth der hebräischen Sprache im Ausdrucke philosophischer Begriffe, verbunden mit den im Orient gewöhnlichen Bildern, welche unkultivierten Sprachen so eigen sind, entstanden. Er zeigte ferner, daß sie von beiderlei Hüllen entkleidet, einen sehr konsequenten Sinn haben, so wie sie, wenn die allegorischen Bilder dem Wortverstande nach ausgelegt, und in neue bilderreiche Kommentarien ausgesponnen werden, der gröbste Unsinn und Schwärmerey entstand, . . . wodurch so manche christliche Geheimnißkrämer zum vollständigen Narren gemacht worden sind."[19]

Es war die langjährige Zusammenarbeit mit Lessing und Mendelssohn, die Nicolai bekannt gemacht hat. Ganz sicher sind es nicht die eigenen schriftstellerischen Leistungen (etwa die Romane „Sebaldus Nothanker", „Freuden des jungen Werthers", „Sempronius Gundibert") gewesen, die ihm einen Platz in der deutschen Literaturgeschichte eingeräumt haben. Nicolai hat mehr durch praktische Leistungen, durch seine Tätigkeit als Verlagsbuchhändler und Herausgeber einflußreicher Zeitschriften gewirkt. Mit der tatkräftigen Unterstützung seiner Freunde Mendelssohn und Lessing erlangte Nicolai eine Stellung, in der er einiges für die Weiterentwicklung der zeitgenössischen Literatur tun konnte und dies auch getan hat. Es ist nicht übertrieben, ihn als einen „Mittelpunkt und Organisator der Berliner Aufklärung"[20] zu bezeichnen.

Nicolai ist immer stolz darauf gewesen, Mendelssohn als Mitarbeiter für die von ihm 1756 gegründete „Bibliothek der schönen Wissenschaften und der freyen Künste" angeworben zu haben. „Er [Moses]", schrieb Nicolai am 31. August 1756 an Lessing, „hat die Gefälligkeit für mich gehabt, ein Mitarbeiter an der Bibliothek seyn zu wollen: eine Gefälligkeit, von der ich immer mehr einsehe, wie nützlich sie mir und dem Publicum seyn wird."[21] Es ist behauptet worden, daß die „Bibliothek", die unter der Aufsicht Lessings in Leipzig gedruckt wurde, ihr Bestehen hauptsächlich Mendelssohn verdankte, daß er die „Seele des literarischen Unternehmens" gewesen sei. Nur aus „Gefälligkeit" Nicolai gegenüber hat Mendelssohn an der „Bibliothek" sicher nicht mitgearbeitet. Alle Anzeigen deuten darauf hin, daß es ihm einigen Spaß gemacht hat, an einer Literatur-Zeitschrift mitzuarbeiten, die in ihren Beiträgen Front machte gegen den herrschenden, hauptsächlich von Johann Christoph Gottsched (1700–1766) beeinflußten Literaturbetrieb.

In den vier Bänden der „Bibliothek", die zwischen 1757 und 1758 erschienen, veröffentlichte Mendelssohn nicht weniger als 21 Abhandlungen, zumeist Besprechungen von Neuerscheinungen auf dem Gebiet der Literatur und der Ästhetik. Zu nennen ist die ausführliche Besprechung von Robert Lowth's lateinisch geschriebener Abhandlung über die Dichtkunst der Hebräer (De sacra poesia Hebraerum"). Wenig Beifall fanden die „moralischen" Gedichte des Duisburger Arztes Johann Philipp Lorenz Withof. Der Dichter Johann Jacob Dusch wird an seinen Vorbildern Pope, Thomson und Kleist gemessen. Schlechter kommt der Fabeldichter Magnus Gottfried Lichtwer weg, zu dessen „poetisch-didactischen Bestrebungen" Mendelssohn nachdenkliche Überlegungen anstellte. Eine Neuauflage von Gleims „Lieder, Fabeln und Romanzen" benutzte er, um diesen Dichter mit Aesop und Lafontaine zu vergleichen. Wielands Tragödie „Lady Johanna Gray" findet eine scharfe und ausgesprochen abfällige Beurteilung.

Besondere Aufmerksamkeit widmete Mendelssohn Neuerscheinungen der französischen und englischen Literatur. Karl Wilhelm Ramlers' Übersetzung des Charles Batteux'schen „Cours des belles – lettres" (4 Bde., Leipzig 1758) findet eine scharfe Zurückweisung. Mendelssohn bemängelt, daß Ramler sich nicht mit einer Übersetzung dieses berühmten Werkes begnügt, sondern eine deutsche Bearbeitung geliefert habe, die sowohl eine mangelhafte Beherrschung der deutschen Sprache als auch Unkenntnis des Batteux'schen Werkes verrate. Eine ähnliche Kritik erfährt der Übersetzer von Mark Akensides Dichtung „The Pleasures of Imagination".[23] Ein englisches Werk über Pope gibt Mendelssohn Veranlassung, in einem Essay die poetischen und philosophischen Verdienste dieses Schriftstellers zu würdigen. Eine 1757 erschienene Schrift Edmund Burkes („A philosophical Enquiry into the Origin of our Ideas of the Sublime und Beautiful") regte Mendelssohn zu einer längeren Abhandlung an, der er die Überschrift „Philosophische Untersuchung des Ursprungs unserer Ideen vom Erhabenen und Schönen" gab. „Die Theorie der menschlichen Empfindungen und Leidenschaften", so leitete Mendelssohn diese Abhandlung ein, „hat in den neuern Zeiten, da es mit den üblichen Theilen der Weltweisheit nicht mehr so recht fort will, die meisten Progressen gemacht. Unsere Nachbarn, und besonders die Engländer, gehen uns mit philosophischen Beobachtungen der Natur vor; wir folgen ihnen mit unsern Vernunftschlüssen auf dem Fuße nach, und wenn es so fort geht, daß unsere Nachbarn beobachten, und wir erklären, so können wir hoffen, mit der Zeit eine vollständige Theorie der Empfindungen zu bekommen, deren Nutzen in den schönen Wissenschaften gewiss nicht geringe seyn wird. Nur muß sich der Weltweise von den am allerseltsamsten scheinendsten Beobachtungen nicht abschrecken lassen . . ."[24]

Seit August 1756 entwickelte sich zwischen Nicolai, Mendelssohn und Lessing in Leipzig der berühmt gewordene „ästhetische Briefwechsel",[25] der veranlaßt worden war durch eine „Abhandlung über das Trauerspiel", mit der Nicolai die „Bibliothek" eröffnet hatte. Die wichtigsten Gedanken seiner Abhandlung faßte Nicolai in dem Brief an Lessing vom 31. August 1756 zusammen. Er wandte sich gegen den vermeintlich aristotelischen Satz, „es sey der Zweck des Trauerspiels, die Leidenschaften zu reinigen oder die Sitten zu bilden".[26] Nicolai vertrat die Ansicht, der Zweck des Trauerspiels bestünde in der Erregung der Leidenschaften. Lessing antwortete in einem Brief im November 1756, er fände „keine einzige Leidenschaft, die das Trauerspiel in dem Zuschauer rege macht, als das Mitleiden". Die Bestimmung der Tragödie könne nur sein, die Fähigkeit, Mitleid zu fühlen, zu erweitern. Und Lessing führte weiter aus: „Der mitleidigste Mensch ist der beste Mensch, zu allen gesellschaftlichen Tugenden, zu allen Arten der Großmuth der aufgelegteste. Wer uns also mitleidig macht, macht uns besser und tugendhafter . . ." Den

Weg zu anderen Auffassungsmöglichkeiten lehnte Lessing von vornherein ab. „Schrecken" und „Bewunderung" hielt er für bloße Hilfsfunktionen des Mitleids. Schrecken erklärte Lessing als „die plötzliche Überraschung des Mitleids", Bewunderung als „das entbehrlich gewordene Mitleiden". Bewunderung wird zum „Ruhepunkt", an dem der Zuschauer sich von seinem „Mitleiden" erholt.[27]

Mendelssohn stimmte Lessing in einem Schreiben am 23. November 1756 darin bei, daß eine Tragödie Leidenschaften erregt, aber die Illusion Vorbedingung für die Erregung von Leidenschaften sei. „Wenn Sie hierinn den rechten Punkt verfehlt hätten" schrieb er Lessing, „so verspreche ich mir, Ihr ganzes System niederreißen zu können."[28] Mendelssohn griff zunächst den Teil von Lessings Behauptungen heraus, der die Natur der einzelnen Empfindungen behandelte. Er bezweifelte die untergeordnete Stellung der „Bewunderung", die er die „Mutter der Tugend' nennt. Die Bewunderung, meinte er, ist ein angenehmer Affekt, der sich unabhängig vom Mitleid auf „ungemein gute Eigenschaften" bezieht, welche in der bewunderten Person zur „anschauenden Erkentniß" gebracht werden. Mendelssohn kam zu dem Schluß, daß „die Begierde zur Nacheiferung . . . von der anschauenden Erkenntniß unzertrennlich"[29] ist.

Lessing replizierte in dreifachem Anlauf. Erstens faßte er Mendelssohns Erklärung der Bewunderung so eng und einseitig, daß er sie als „Verwunderung" begreifen und damit als Fehler des Dichters außer Betracht setzen konnte. Zweitens behauptete er, daß – genau besehen – nur das Heroische bewundert werde, welches aber gerade nicht zum Nacheifern reize. Zuletzt zog er das Wirkungsverhältnis von Bewunderung und Besserung überhaupt in Zweifel: „Die Bewunderung in dem allgemeine Verstande, in welchem es nichts ist, als das sonderliche Wohlgefallen an einer seltnen Vollkommenheit, bessert vermittelst der Nacheiferung, und die Nacheiferung setzt eine deutliche Erkenntniß der Vollkommenheit, welcher ich nacheifern will, voraus. Wie viele haben diese Erkenntniß? Und wo diese nicht ist, bleibt die Bewunderung nicht unfruchtbar?"[30] Seine eigenen Argumente wischte Lessing schließlich mit einer großen Gebärde beiseite. „Ich will", heißt es in seinem Brief vom 28. November 1756, „was ich wider die Bewunderung bisher, schlecht oder gut, gesagt habe, nicht gesagt haben; ich will alles wahr seyn lassen, was Sie von ihr sagen. Sie ist dennoch aus dem Trauerspiel zu verbannen."[31]

Mendelssohn, dem Lessing nicht nur „philosophischen Geist", sondern auch Redlichkeit attestierte, begegnete den Einwürfen sachlicher. Er bemühte sich, die Begriffe „Bewunderung" und „Verwunderung" nach dem üblichen Sprachgebrauch zu klären. Den von Lessing aufgedeckten Widerspruch, daß die „heroischen Tugenden" bewundert werden, ihnen aber nicht nachgeeifert wird, akzeptierte er, wenn auch mit der Einschränkung: „Hier ist der Knoten, den sie gefunden, aber nicht aufgelöst haben. Ich will mich bemühen, es für Sie zu thun."[32] Unter Zuhilfenahme der Lehre von den oberen und unteren Seelenkräften und ihrem Einfluß auf das Handeln sowie seiner Illusionstheorie führte Mendelssohn alles auf eine Bedingung zurück – eine Bedingung, die den Streit der „intuitiven" mit der „symbolischen" Erkenntnis entscheidet: Besitzt der Mensch einen genügenden „Vorrat von deutlicher Erkenntniß", so wird sein Handeln nach Aufhören der „ästhetischen Illudierung" von der Vernunft gelenkt. Sollte dies nicht sein, dann wird sich die Neigung der unteren Seelenkräfte durchsetzen.

Mit einer von Mendelssohn im Mai 1757 aufgesetzten „Capitulation", die säuberlich geordnet die „streitigen" und die „ausgemachten" Punkte sowie die von Nicolai beigefügten Anmerkungen enthält, endete die Auseinandersetzung, ohne daß ein greifbares Ergebnis erzielt worden war. Fest steht, daß sowohl Lessing als auch Mendelssohn der Briefwechsel, das Hin und Her der Meinungen, ein großes intellektuelles Vergnügen bereitet hat. „Sie sehen", schrieb Mendelssohn im Januar 1757 an Lessing, „wie weit ich es zu treiben gedenke. Ich sage, wir hätten den Streit erst angefangen, da Sie ihn vielleicht schon geendigt zu haben glauben. Jedoch metaphysische Streitigkeiten sind nicht so bald entschieden. An logischen Fechterstreichen darf es uns niemahls fehlen."[33] Daß auch Lessing an der Auseinandersetzung außerordentlich interessiert war, geht aus mehreren Stellen im Briefwechsel hervor. Wie sehr er Mendelssohn als Freund schätzte, seine Ansichten verehrte, die Auseinandersetzung aber erst als den Anfang der Debatte ansah, macht der Brief vom 2. Februar 1757 deutlich: „Ich glaube es eben so wenig, als Sie, daß wir bis jetzt in unserem Streite viel weiter, als über die ersten Grenzen gekommen sind. Haben Sie aber auch wirklich so viel Lust, als ich, sich tiefer hinein zu wagen, und dieses unbekannte Land zu entdecken, wenn wir uns auch hundertmahl vorher verirren sollten? Doch warum zweifele ich daran? Wenn Sie es auch nicht aus Neigung thäten, so würden Sie es aus Gefälligkeit für mich thun."[34]

Anmerkungen

1 LLM, Bd. 1, S. 380.
2 JubA, Bd. XI, S. 16.
3 LLM, Bd. 12, S. 36ff.
4 JubA, Bd. XI, S. 16.
5 Ebenda, S. 14.
6 Ebenda, S. 27.
7 Johann Jacob Rousseau Bürgers zu Genf Abhandlung von dem Ursprunge der Ungleichheit unter den Menschen und worauf sie sich gründe: ins Deutsche übersetzt mit einem Schreiben an den Magister Lessing und einen Brief Voltairens an den Verfasser vermehret, Berlin 1756.
8 JubA, Bd. II, S. 83.
9 Ebenda.
10 Anfang der siebziger Jahre ist Rousseau durch Christian Felix Weiße (1726–1804), den Bühnenschriftsteller und Herausgeber der „Bibliothek der schönen Wissenschaften" auf die Kritik Mendelssohns aufmerksam gemacht worden. Rousseau soll in dem Gespräch mit Weiße versichert haben, er würde sich die Anmerkungen Mendelssohns übersetzen lassen, „denn lese er auch sonst kein Buch in der Welt, so wolle er diese Anmerkungen doch lesen, weil sie von Moses kämen".
11 JubA, Bd. II, S. 90.

12 Vgl. Friedrich Nicolai, Über meine gelehrte Bildung, über meine Kenntniß der kritischen Philosophie und meine Schriften, Berlin und Stettin 1799, S. 40: „Gegen das Ende des Jahres 1754 lernte ich Lessing und kurz darauf durch ihn Moses Mendelssohn kennen. Ich ward bald mit diesem, in der höchsten Bedeutung des Worts, edlen und vortrefflichen Manne genauer bekannt, und in wenigen Monaten wurden wir vertraute Freunde, zu eben der Zeit im Jahre 1755, da uns Lessing verließ."

13 JubA, Bd. XI, S. 55.

14 GS, Bd. V, S. 91.

15 Hier ist wiedergegeben die von Mendelssohn in den „Philosophischen Gesprächen" aufgenommene überarbeitete Fassung. Vgl. JubA, Bd. I, S. 468 f.

16 Nicolai, Über meine gelehrte Bildung, S. 41.

17 Vgl. George Alexander Kohut, Moses Mendelssohn und Rector Damm, New York 1892.

18 Nicolai, Über meine gelehrte Bildung, S. 29.

19 Ebenda, S. 43.

20 So z. B. Der Grosse Brockhaus, 16. Auflage, Bd. 8, S. 382.

21 JubA, Bd. XI, S. 57.

22 Gleim schrieb am 10. November 1758 an Lessing: „Moses Mendelssohns Kritik meiner Fabeln könnte weit schärfer seyn. Er hätte mir mit mehr Tadel einen Dienst gethan. Auch möcht' ich wohl wissen, welche von den Fabeln ihm am wenigsten gefallen" (Gotthold Ephraim Lessing, Gesammelte Schriften, Bd. 30, Berlin 1794, S. 51).

23 „Der größte Haufen von unsern Übersetzern aber, und besonders diejenige[n], welche für die Übersetzungsfabriken arbeiten, lassen es ihr erstes Gesetz seyn, sich nicht von den Worten der Urschrift zu entfernen, Sie glauben getreulich übersetzt zu haben, wenn der Leser die Übersetzung ebensowenig versteht, als er die Urschrift verstanden hätte" (JubA, Bd. IV, S. 95 f.).

24 JubA, Bd. IV, S. 216.

25 Am 23. August 1757 schrieb Nicolai an Lessing: „Es ist nun einmal schon so eingeführt, daß Herr Moses Ihre Briefe an mich beantwortet, ich aber Ihre Briefe an Herrn Moses; und so mag es auch jetzt seyn" (JubA, Bd. XI, S. 154).

26 JubA, Bd. XI, S. 58.

27 Ebenda, S. 64.

28 Ebenda, S. 71.

29 Ebenda, S. 72.

30 Ebenda, S. 79.
31 Ebenda, S. 78.
32 Ebenda, S. 84.
33 Ebenda, S. 98.
34 Ebenda, S. 105.

III. Über Ästhetik, Psychologie und Philosophie

Man kann niemals überzeugt sein, wenn man niemals mit Vernunft gezweifelt hat.
Philosophische Gespräche IV (1755)

Mendelssohn war ein eklektischer Philosoph. In seinen Schriften bediente er sich der verschiedensten philosophischen Erkenntnisse, ohne daß ihn dies selbst sehr gestört hätte. „Ich besitze Eigenschaften genug", erklärte er einmal, „eine jede Lehre zu adoptiren, die meine Gemüthsruhe befördert, ohne meinen Fehlern zu schmeicheln."[1] Ein eigenes philosophisches System hat Mendelssohn nicht geschaffen. „Ich habe mir niemals in den Sinn kommen lassen", schrieb er im Anhang zur zweiten Auflage des „Phädon", „Epoche in der Weltweisheit zu machen, oder durch ein eigenes System berühmt zu werden. Wo ich eine betretene Bahn vor mir sehe, da suche ich keine neue zu brechen. Haben meine Vorgänger die Bedeutung eines Wortes festgesetzt, warum sollte ich davon abweichen? Haben sie eine Wahrheit ans Licht gebracht, warum sollte ich mich stellen, als wüßte ich es nicht?"[2]

Die eigentliche Begabung Mendelssohns lag auf dem Feld der Ästhetik. Neben Baumgarten, Sulzer und Lessing war er es, der die vorkantische Ästhetik durch seine Ideen bestimmt hat. Die „Briefe über die Empfindungen", die „Rhapsodie", sowie die beiden Abhandlungen „Über die Hauptgrundsätze der schönen Künste und Wissenschaften" und „Über das Erhabene und Naive in den schönen Wissenschaften" sind Mendelssohns bedeutendste Schriften auf diesem Gebiet.[3] Weniger wichtig, wenngleich nicht uninteressant, sind kleinere Beiträge, die Mendelssohn zum Teil in der „Bibliothek der schönen Wissenschaften und freyen Künste" und in den „Briefen, die neueste Litteratur betreffend" veröffentlichte. Dem Inhalt nach bewegen sie sich zumeist innerhalb der in den Hauptschriften entwickelten Grundideen, die sich auf den Leibnizschen Gedanken stützen, daß die Schönheit die Vollkommenheit der sinnlichen Wahrnehmung sei, die Wahrheit nichts anderes als logische, die Güte moralische Vollkommenheit bedeute.

Es waren die „Briefe über die Empfindungen" (1755), die Mendelssohn nach ihrem Erscheinen den Ruf einbrachten, ein ernstzunehmender Vertreter der von dem Wolff-Schüler Alexander Gottlieb Baumgarten („Aesthetica acromatica", 2 Bde., 1750–58) neu begründeten Wissenschaftsdisziplin Ästhetik zu sein. In den Gazetten erschienen eine Reihe von Anzeigen und Besprechungen, die sich anerkennend äußerten. In den „Göttingischen gelehrten Anzeigen" veröffentlichte Michaelis eine Kritik, in der er sich lobend über dieses Werk aussprach. Auf ihn wirkte die Schrift wie ein „literarisches Product", das „einen sehr nachdenckenden und philosophischen Verstand", einen „Schüler und Vertheidiger Leibnitzens und Wolffens" zum Verfasser habe.[4] Und auch Lessing schrieb eine eingehende Kritik in der „Berlinischen Zeitung" vom 4. September 1755, in der es u. a. hieß, daß in der Schrift „die ganze Materie so kunstvoll vertheilt worden sei, daß man sehr unaufmerksam sein müsste, wenn sich nicht am Ende, ohne das Trockene der Methode empfunden zu haben, ein ganzes System in dem Kopfe zusammenfinden sollte. Ein System der Empfindungen aber wird denjenigen gewiss eine sehr angenehme Neuigkeit sein, welchen es nicht ganz unbekannt ist, wie finster und leer es in diesem Felde der Psychologie, der Bemühungen einiger neuer Schriftsteller ungeachtet, noch bisher gewesen."[5]

Bei den „Briefen über die Empfindungen" handelt es sich um ein Stück philosophischer Prosa, die in Form und Diktion eine Nachbildung des Shaftesbury'schen Werkes „The Moralists or a Philosophical Rhapsody" (1709) sind. Mendelssohn stellt in den „Briefen" den Jüngling Euphranor und den Weltweisen Theokles (bzw. Palemon) temperamentvoll in Rede und Gegenrede gegenüber. Die „Natur des Vergnügens" soll aufgeklärt, der Grund der angenehmen Empfindungen aufgezeigt werden. Zwei Meinungen werden vertreten, beide sind möglich und wurzeln in der Leibnizschen Metaphysik. Theokles, der eine Briefschreiber, richtet seine Betrachtung aufs Objektive, auf die Welt und findet die Schönheit in der universalen Architektonik des Kosmos, die sich aber ebenso in jedem Mikrokosmos widerspiegelt. Er entwickelt eine Vollkommenheitsästhetik, die den Grund des Vergnügens in dem Anschauen, in dem Genuß der zweckhaften Weltvollkommenheit findet. Euphranor, der andere Briefschreiber dagegen, ist begeisterter Prediger einer „jugendlichen Sittenlehre", die nichts anderes besagt als: „Fühle, genieße und sei glücklich!"

In den beiden ersten Briefen wehrt sich Euphranor gegen eine allzu scharfe psychologische Zergliederung und Aufschlüsselung der Schönheit. „Unsre Glückseligkeit", meint Euphranor, „hänget von dem Genusse ab, und der Genuß von der schnellen Empfindung, mit der jede Schönheit unsre Sinne überraschet. Unglücklich sind diejenigen, welche die Vernunft wider den Anfall einer solchen Ueberraschung abgehärtet hat. Die Lust verschwindet, wenn wir unsre Empfindung allzu sorgfältig aufzuklären suchen."[6] Die Menschen würden unglücklich sein, wenn sich alle Gefühle in logische Schlüsse verwandelten und alle Empfindungen in deutliche Vorstellungen aufgingen. Schönheit beruhe in einer „undeutlichen Vorstellung einer Vollkommenheit". Die dunkle Vorstellung ist untrennbar vom Lustgefühl, also auch von der Empfindung des Schönen. „Die Vernunft allein", heißt es im „Zweiten Brief", „kann kein Wesen beglücken, das nicht lauter Vernunft ist. Wir sollen fühlen, genießen und glücklich seyn."[7]

Theokles, der die Ansichten Mendelssohn vertritt, ist anderer Meinung. Er behauptet, daß sich mit dem Gefühl der Schönheit kein deutlicher, aber auch kein völlig dunkler Begriff verträgt. Alle Begriffe der Schönheit müssen zwischen den Grenzen der Klarheit eingeschlossen sein, wenn man ohne mühsames Überdenken eine Mannigfaltigkeit wahrnehmen soll. Je klarer die Vorstellung des schönen Gegenstandes ist, desto größer ist das Vergnügen, das daraus entspringt. Eine klare Vorstellung enthält damit also eine reichere Mannigfaltigkeit, also „lauter Quellen der Lust".[8]

Im „Fünften Brief" zieht Mendelssohn eine Grenze zwischen Schönheit und Vollkommenheit. Schönheit, erklärt Theokles, setzt Einheit im Mannigfaltigen voraus. Vollkommenheit erfordert dagegen keine Einheit, sondern Übereinstimmung des Mannigfaltigen. „Was folget hieraus?", fragt Mendelssohn in den

Worten von Theokles. Die Antwort: „Daß das Vergnügen an der sinnlichen Schönheit, an der Einheit im Mannigfaltigen, blos unserm Unvermögen zuzuschreiben sey. Wir ermüden, wenn unsre Sinne eine allzu verwickelte Ordnung aus einander setzen sollen. Wesen, die mit schärfern Sinnen begabt sind, müssen in unsern Schönheiten ein eckelhaftes Einerley finden, und was uns ermüdet, kann ihnen Lust gewähren. Er, der alles Mögliche mit einem mal übersiehet, muß die Einheit im Mannigfaltigen durchaus verwerfen – Verwerfen? Und so hat der Schöpfer kein Gefallen an dem Schönen? So zieht er es nicht einmal dem Häßlichen vor? Ich behaupte Nein, und die Natur, das Werk seiner Hände, soll mir Zeugniß geben. Nur die äußere Gestalt der Dinge hat der Schöpfer mit sinnlicher Schönheit bedeckt. Diese sind bestimmt, in die Sinne andrer Geschöpfe reitzend zu wirken. Die Schönheit der menschlichen Bildung, die annehmlichen Farben, die gewundenen Züge, die in seinen Minen bezaubern, sind nur der äußeren Schale eingeprägt. Sie gehen nicht weiter, als unsere Sinne reichen. Unter der Haut liegen gräßliche Gestalten verborgen. Alle Gefässe sind ohne *scheinbare* Ordnung in einander verschlungen; die Eingeweide halten einander das Gleichgewicht, aber kein Ebenmaß, keine sinnlichen Verhältnisse; lauter Mannigfaltigkeit, nirgend Einheit; lauter Beschäftigung, nirgend Leichtigkeit in der Beschäftigung. Wie sehr würde der Schöpfer seinen Zweck verfehlt haben, wenn er nichts, als Schönheit gewesen wäre!"[9]

Euphranor wendet sich im „Achten Brief" gegen Theokles, gegen das von dem Freund aufgestellte Prinzip, daß der Grund des Vergnügens entweder in Vollkommenheit oder Schönheit zu suchen sei. Nicht alles Vergnügen, meint Euphranor, gründet sich auf sinnliche oder verständliche Vollkommenheit. Es gibt auch sinnliche Lüste, die von allen Begriffen der Vollkommenheit weit entfernt sind. Es gibt sogar Vergnügungen, die sich auf Vollkommenheiten zu stützen scheinen. Der grausige Anblick einer überhängenden Felsklippe, die jeden Augenblick einzustürzen drohe, errege statt der Furcht ein eigentümliches ästhetisches Gefallen. Ähnlich verhalte es sich bei der Tragödie, wo Mitleid und Schrekken, statt Mitgefühl, Empfindungen hervorrufen, die als Lustgefühle bezeichnet werden müssen.

Die Quelle des Vergnügens, meint Theokles im „Elften Brief", ist eine dreifache: Die Einheit im Mannigfaltigen oder die Schönheit, die Einhelligkeit im Verschiedenen oder die verständliche Vollkommenheit, der verbesserte Zustand unserer Leibesbeschaffenheit oder die sinnliche Lust. Aus diesen Quellen haben die schönen Künste zu schöpfen. Theokles vertritt die Auffassung, daß nur die Musik alle drei Quellen in Harmonie vereinen kann: „Welche süße Verwirrung von Vollkommenheit, sinnlicher Lust und Schönheit! Die Nachahmungen der menschlichen Leidenschaften, die künstliche Verbindung zwischen widersinnigen Uebellauten: Quellen der Vollkommenheit! Die leichten Verhältnisse in den Schwingungen; das Ebenmaß in den Beziehungen der Theile auf einander und auf das Ganze; die Beschäftigung der Geisteskräfte in Zweifeln, Vermuthen und Vorhersehen: Quellen der Schönheit! Die mit allen Saiten harmonische Spannung der nervigten [Nerven-] Gefässe: eine Quelle der sinnlichen Lust! Alle diese Ergötzlichkeiten bieten sich schwesterlich die Hand und bewerben sich wetteifernd um unsere Gunst."[10] Was für die Musik die Harmonie der Töne wird für die Malerei die Harmonie der Farben sein, wenn es gelingt, die Linie der Schönheit und des Reizes mit der Farbenharmonie zu verbinden. Von den Bemühungen in der Zukunft wird es nach Ansicht Theokles ebenfalls abhängen, ob es gelingt, die Sinne des Geruchs und Geschmacks, die beide nur der sinnlichen Lust dienen, zu Quellen höherer ästhetischer Wirkungen zu machen.

Was an den „Briefen über die Empfindungen" auffällt, ist die für die Popularphilosophie der Aufklärung typische Vermischung ethischer und ästhetischer Elemente. Mendelssohn vermochte sich eine Trennung derselben, die erst von Kant in scharfer Form vollzogen wurde, nicht recht vorstellen. Besonders deutlich wird dies bei der Erörterung um die Berechtigung oder Nichtberechtigung, die Zulässigkeit oder Verwerflichkeit des Selbstmordes. Die Erörterung dieses Problems „auf eine Art . . ., wie sie gewiß noch nie abgehandelt worden" (Lessing in seiner Kritik),[11] scheint im ersten Moment am Thema der „Briefe" vorbeizugehen. Daß dem nicht so ist, zeigt der weitere Gang der Überlegungen, der im übrigen seinen eigentlichen Abschluß im „Phädon" findet. Mendelssohn behandelt in den „Briefen" den Selbstmord im Zusammenhang mit der angenehmen und der unangenehmen Empfindung. Er fragt, ob der Selbstmörder zur Rechtfertigung seines Schrittes sich auf das Mißverhältnis zwischen Glück und Unglück, und das heißt, zwischen angenehmen und unangenehmen Empfindungen berufen kann. Mendelssohn verwirft schließlich die Möglichkeit des Selbstmords.[12] „So lange", erklärt Theokles im „Fünfzehnten Brief", „die Kräfte der Natur, und meines eigenen Körpers, zur Erhaltung dieser Maschine übereinstimmen, die mir Gott hienieden zur Gefährtinn gegeben; so lange ist es ein Verbrechen, eine sträfliche Empörung, wenn ich mich diesen muthmaßlichen Absichten Gottes widersetze; wenn ich etwas anderes will, als Gott mir jitzt zu wollen scheinen muß. Will ich vernünftig, will ich gottseelig handeln; so muß ich meinen Willen, so muß ich alle meine Seelenkräfte mit den Kräften der Natur in die vollkommenste Harmonie zu bringen suchen; so muß ich meinen Leib so lange zu erhalten trachten, so lange mir seine Kräfte zu verkündigen scheinen, daß ihn Gott erhalten will . . ."[13]

In der „Rhapsodie", die 1761 erschien,[14] wird ein in den „Briefen über die Empfindungen" begonnenes, aber durch die eingeschobene Episode über den Selbstmord unterbrochenes Thema über die Natur der „gemischten Empfindungen" wieder aufgenommen. Mendelssohn unternimmt hier den Versuch, um zu einer Theorie der Empfindungen zu kommen, deren Natur eingehender darzulegen. Die Tatsache der vermischten d. h. aus angenehmen und unangenehmen Gefühlen bestehenden Empfindungen scheint ihm in der „Rhapsodie" gegen jene in den „Briefen" vertretene Annahme, daß die ästhetische Empfindung eine dunkle Erkenntnis der Vollkommenheit sei, im Widerspruch zu liegen.[15] Mendelssohn unterscheidet jetzt die Lust an der Vollkommenheit der Objekte von der Lust an der Entwicklung unserer Vorstellungen, die objektive von der subjektiven Vollkommenheit. Gleichzeitig führt er den Nachweis, daß Mißfallen am Gegenstand und Wohlgefallen an der Vorstellung gleichzeitig vorhanden sein können. „Wir empfinden", heißt es in der „Rhapsodie", „über die Einrichtung und Beschaffenheit der Sache Lust oder Unlust, nachdem wir Realitäten oder Mängel an derselben wahrnehmen. In Beziehung auf das denkende Subjekt, auf der Seele hingegen, ist das Wahrnehmen und Erkennen der Merkmale, so wie die Bezeugung des Wohlgefallens und Missfallens an denselben, etwas *Sachliches*, das in der selben gesetzt wird, eine bejahende Bestimmung, die der Seele zukömmt; daher muß jede Vorstellung, wenigstens in Beziehung auf das Subject, als ein bejahendes Prädikat des denkenden Wesens, etwas wohlgefallendes haben."[16]

Daß Mendelssohn sich mit Fragen der Ästhetik befaßte, hing eng mit seinen praktisch-literarischen Interessen zusammen. Deutlich wird dies an der Abhandlung „Betrachtungen über die Quellen und Verbindungen der schönen Künste und Wissenschaften",[17] die Mendelssohn mit dem abgewandelten Titel „Über die Hauptgrundsätze der schönen Künste und Wissenschaften" in den „Philosophischen Schriften" (1761)[18] veröffentlichte. „Die schönen Künste und Wissenschaften", lautet der einleitende Satz dieser Abhandlung, „sind für den Virtuosen eine Beschäftigung, für den Liebhaber eine Quelle des Vergnügens, und für den Weltweisen eine Schule des Unterrichts."[19] Wie in den „Briefen der Empfindungen" sind auch in dieser Schrift Wolffsche und Baumgartensche Elemente mit Anschauungen der englischen Moralisten verschmolzen. Ästhetische Erwägungen verbinden sich in der Schrift mit psychologisch-ethischen Interessen: „In den Regeln der Schönheit, die das Genie des Künstlers empfindet, und der Kunstrichter in Vernunftschlüße auflöset, liegen die tiefsten Geheimnisse unserer Seele verborgen. Jede Regel der Schönheit ist zugleich eine Entdeckung in der Seelenlehre. Denn da sie eine Vorschrift enthält, unter welchen Bedingungen ein schöner Gegenstand die beste Wirkung in unser Gemüth thun kann; so muß sie auf die Natur des menschlichen Geistes zurückgeführt, und aus dessen Eigenschaften erklärt werden können."[20]

In der Abhandlung stellt Mendelssohn die Frage: „Was haben die Schönheiten der Natur und der Kunst gemein, welche Beziehung haben sie auf die menschliche Seele, dadurch sie ihr so wohlgefallen."[21] Als unzulänglich verwirft er die Nachahmung der Natur, wie sie der Franzose Batteux und sein deutscher Übersetzer Ramler als Grundsatz der Poesie und der schönen Künste aufgestellt haben. Ähnlich wie Mendelssohn gegen Baumgarten Schönheit von Vollkommenheit unterscheidet, unterscheidet er gegen Batteux Kunst von Natur. Als Schönheit will Mendelssohn die sinnliche Erkenntnis der Vollkommenheit verstanden wissen. Alles was den Sinnen als eine Vollkommenheit vorgestellt werden kann, ist nach Mendelssohns Ansicht geeignet, einen Gegenstand der Schönheit abzugeben. „Das Wesen der schönen Künste und Wissenschaften", heißt es in der Abhandlung, „besteht in einer künstlichen sinnlich-vollkommenen Vorstellung, oder in einer durch die Kunst vorgestellten sinnlichen Vollkommenheit."[22] Als Endzweck der menschlichen Kunst bezeichnet Mendelssohn die Schönheit: „Der menschliche Künstler ... wählt sich einen Umfang, der seinen Kräften angemessen ist.... Sein ganzer Endzweck ist, die Schönheiten, die in die menschlichen Sinne fallen, in einem eingeschränkten Bezirke vorzustellen. Er wird also den idealischen Schönheiten näher kommen können, als die Natur in diesem oder jenem Theile gekommen ist, weil ihn keine höheren Absichten zu Abweichungen veranlassen. Was sie in verschiedenen Gegenständen zerstreuet hat, versammelt er in einem einzigen Gesichtspunkte, bildet sich ein Ganzes daraus, und bemühet sich, es so vorzustellen, wie es die Natur vorgestellt haben würde, wenn die Schönheit dieses begränzten Gegenstandes ihre einzige Absicht gewesen wäre.... Der Künstler muss sich also über die gemeine Natur erheben, und weil die Schönheit sein einziger Endzweck ist; so steht es ihm frey, dieselbe allenthalben in seinen Werken zu koncentriren ..."[23]

Mendelssohn ist in manchen Punkten seiner Abhandlung „Über die Hauptgrundsätze der schönen Künste und Wissenschaften" durch den mit Nicolai und Lessing geführten „ästhetischen" Briefwechsel angeregt worden. Seine Polemik gegen Batteux,[24] der die Kunst als Nachahmung der Natur verstanden wissen wollte, die Darlegungen über die Beziehungen der Natur- und der Kunstschönheit, lassen den Einfluß Lessings deutlich erkennen. Auch Johann Georg Sulzer, mit dem Mendelssohn in lebhaftem Gedankenaustausch stand, scheint einige Anregungen – in bezug auf die „Ableitung der Künste und ihr Verhältnis zu einander" – beigesteuert zu haben. Der neue Begriff der Vollkommenheit, sowie der Gedanke der Ideal-Existenz des Schönen, stammen von dem Altertumsforscher Johann Joachim Winckelmann (1717–1768), dessen 1755 erschienenes Buch „Gedanken über die Nachahmung der griechischen Werke in der Malerei und der Bildhauerkunst" auf Mendelssohn einen großen Eindruck hinterlassen haben muß.

Ein Jahr nach der Erstveröffentlichung der Schrift „Über die Hauptgrundsätze der schönen Künste und Wissenschaften" erschien 1758 in der „Bibliothek" eine Abhandlung, die den Titel „Über das Erhabene und Naive in den schönen Wissenschaften"[25] trug. Das Manuskript hatte Mendelssohn vor der Drucklegung Lessing zur kritischen Durchsicht zugeschickt. Lessing hatte Mendelssohn schon am 23. August 1757 wissen lassen: „Hier kömmt Ihr Aufsatz ‚Vom Erhabenen' wieder zurück. Ich wüßte auch nicht das Geringste dabey zu erinnern; ob ich ihn gleich mehr als einmal durchgelesen habe."[26] Es ist von einigem Interesse, daß die Abhandlung unabhängig von Burkes 1757 erschienener Schrift „A philosophical Enquiry into the Origin of our Ideas of the Sublime and Beautiful" entstanden ist. Mendelssohn lernte Burkes Schrift erst einige Monate nach der Veröffentlichung seiner Abhandlung kennen. Auch Lessing hat sich von der Arbeit des Engländers anregen lassen und besprach manche Punkte brieflich mit dem Freund. Der Gedankenaustausch veranlaßte Mendelssohn schließlich zur Umarbeitung der Abhandlung in der Form, wie sie dann in den „Philosophischen Gesprächen" Eingang fand.[27] Es waren aber nicht nur die Anmerkungen Lessings, die Mendelssohn zur Überarbeitung der Erstfassung bewegten. Man findet in der in den „Philosophischen Schriften" abgedruckten Fassung neu auftretende ästhetische Begriffe wie „Grazie" und „Schönheit in der Bewegung", die auch der Engländer Henry Home in seinen Schriften („Elements of criticism", 3 Bde., London 1762) verwendete.

Mendelssohn sucht in der Abhandlung eine Definition für die Begriffe „Erhaben" und „Naiv". Einleitend heißt es, daß es eine Bestimmung des Schönen gibt, die nicht überschritten werden darf. „Wenn der Umfang des Gegenstandes nicht auf einmal in die Sinne fallen kann; so hört er auf, sinnlich schön zu seyn ..."[28]

Wenn die Grenzen der Ausdehnung immer weiter gesetzt werden, so können sie endlich für die Sinne ganz entschwinden, „und alsdann entsteht das Sinnlichunermeßliche", dessen Nachahmung in der Kunst „schlechtweg das Grosse" genannt wird und ein „angenehmes Schauern zu erwecken" im Stande ist. Die ästhetische Gefühlswirkung des Unermeßlichen – Mendelssohn unterscheidet zwischen ein „Unermeßliches der Größe" und ein „Unermeßliches der Stärke" – ist eine aus Schauer und Lust bestehende gemischte Empfindung. Die Macht, das Genie, die Tugend haben ihr unausgedehntes Unermeßliche, das gleichfalls eine schauervolle Empfindung erregt, dabei aber den Vorzug hat, daß es nicht in Sättigung und Ekel übergeht. Das intensive Große, das Starke, und das Starke in der Vollkommenheit nennt man das Erhabene. Die durch das Erhabene hervorgebrachte Empfindung im Menschen ist die Bewunderung. „Eine jede Vollkommenheit", heißt es dann weiter, „die durch ihre Größe über unsere gewöhnliche Begriffe gehet, die Erwartung übertrifft, die wir von einem gewissen Gegenstande haben, oder gar alles übersteigt, was wir uns Vollkommenes denken können, ist ein Gegenstand der Bewunderung."[29]

Die Vollkommenheit und die durch sie hervorgerufene Bewunderung können in den Werken der schönen Künste und Wissenschaften sich entweder auf das Objekt selbst, oder auf den Künstler beziehen, der die Geschicklichkeit besitzt, die Eigenschaften seines Objektes „empor zu heben, und in einem ungemeinen Lichte zu zeigen".[30] Im ersten Fall bezieht sich die Bewunderung auf die Nachahmung und die Vorzüge der Kunst. Im zweiten Fall fällt die Bewunderung mehr auf den Künstler, auf sein Genie, sein Empfindungsvermögen, sowie seine tiefe Einsicht in das Wesen der Dinge. Mendelssohn weiß eine Reihe von Beispielen aus den Werken von Homer, Sophokles, Virgil, Shakespeare und Klopstock anzuführen, die seine Überlegungen unterstreichen. Im zweiten Teil der Abhandlung versucht Mendelssohn eine ästhetische Begriffsbestimmung des „Naiven". Ein notwendiges Prädikat desselben sei die Einfalt, doch genüge diese nicht, da es immer eine wichtige Wahrheit oder eine edle Empfindung ist, die den vollen Begriff des Naiven ausmacht. Naiv ist ein

Gegenstand, der an sich schön und edel ist, und auf natürliche und einfache Weise zum Ausdruck kommt. Das naive des sittlichen Charakters bestehe in der Einfalt des Äußerlichen, die – ohne es zu wollen – innere Würde in einer gewissen Unkenntnis des Weltgebrauchs verrät, in der Besorgtheit für falsche Auslegung, in jenem zuversichtlichen Wesen endlich, das nicht auf Dummheit und Mangel der Begriffe, „sondern Edelmuth, Unschuld, Güte des Herzens und die liebreiche Ueberredung zum Grunde hat, daß andere gegen uns nicht schlimmer gesinnt seyn werden, als wir gegen sie sind".[31] Dieses leitet Mendelssohn über zur Bestimmung des Begriffs der „Grazie", die er als die „Schönheit der Bewegung" definiert, und die er meist mit dem Naiven verbunden annimmt. Die Bewegungen der „Grazie" oder des „Reizenden" sind natürlich, leicht und fließend. Sie scheinen ohne Vorsatz und Bewußtsein zu erkennen zu geben, „dass die Triebfedern der Seele, die Regungen des Herzens, aus welcher diese freywilligen Bewegungen fließen, eben so ungezwungen spielen, eben so sanft übereinstimmen, und eben so kunstlos sich entwickeln".[32] Daher vermindere sich der Reiz des Naiven, je mehr Bewußtsein damit verbunden ist. Hieraus entsteht dann der Charakter des Gesuchten, Affektierten und Unnatürlichen. Auch das Naive, bei dem die Sache mit der Einfalt des Äußeren kontrastiert, erzeugt – wie das Erhabene – eine gemischte Empfindung, deren genauere ästhetische Analyse den Schluß der Abhandlung bildet.

In der Entwicklung der Ästhetik nimmt Mendelssohn eine Mittelstellung zwischen Wolff und Kant ein. Hätte er seine Untersuchungen weitergetrieben, eine Theorie des Schönen entwikkelt, dann wäre es ihm vielleicht gelungen, eine eigene Schule zu begründen. So aber ist er ein Wolffianer geblieben, der bemüht war, den Vollkommenheitsbegriff seines Lehrmeisters zu verbreitern und zu vertiefen. Ging er einmal eigene Wege, dann geschah dies nur in der Erörterung von Problemen, die von der Wolffschen Schulästhetik aufgegeben waren. Eindruck erweckte, daß Mendelssohn versuchte, die Ästhetik weniger in der Metaphysik als in der Psychologie zu begründen. Der Schweizer Geschichtsphilosoph Isaak Iselin (1728–1782) hat Mendelssohns Bedeutung auf diesem Feld bereits früh erkannt. In einem Brief, den er Mendelssohn am 25. Juni 1762 schrieb, heißt es: „Da die Metaphysik und die schönen Wissenschaften Ihre gelehrten Hauptbeschäftigungen ausmachen: so ist nichts welches so sehr den Zweck unsrer Gesellschaft befördern kan. Um die Menschen glücklich zu machen muß man nothwendig den Geist und das Gemüth derselben kennen. Ihre psychologischen Schriften zeigen wie tiefe Einsichten Sie da besitzen und wie vortreffliche Anleitungen Sie denjenigen geben können welche das Labyrinth der unzählbaren Abweichungen derselben durchirren und aus der Erkenntniß der Unordnungen die Mittel entdecken wollen Ordnung und Harmonie allgemeiner zu machen. Die schönen Wißenschaften sehen wir als das vornehmste Werkzeug unsrer Bemühungen an. Welche unendlichen Dienste werden Sie nicht der Menschheit leisten, schätzbarer Freund! wenn Sie indem Sie die Grundsätze derselben durch Ihre aesthetischen Einsichten entwickeln einen jeden Theil derselben zu seiner wahren und großen Bestimmung leiten. Sie sollen die Menschen zu der Liebe der Tugend vorbereiten und ihre Leidenschaften in die Harmonie bringen die zu der Gemüthsruhe eines jeden und zu der allgemeinen Glückseligkeit so nöthig ist. Solche Verfaßer von Trauerspielen, von Epopeen, von Lustspielen, von Oden, und Liedern; Solche Maler, solche Bildhauer, solche Tonkünstler, solche ministros voluptatum trachten Sie zu bilden; und Sie werden ein Gutthäter des menschlichen Geschlechtes seyn."[33]

Seine Schriften zur Ästhetik und Philosophie ließen Mendelssohn in der Öffentlichkeit bekannt werden. Noch mehr Aufmerksamkeit aber zog er auf sich, als er sich entschloß, an einem von der Berliner Akademie der Wissenschaften ausgeschriebenen Wettbewerb teilzunehmen. Für das Jahr 1763 hatte die Akademie die Preisfrage gestellt: „Ob die metaphysischen Wahrheiten ... der selben Evidenz fähig sind, wie die mathematischen ..."[34] Es war dies zweifellos ein Thema, dem das Interesse aller philosophischen Geister der damaligen Zeit gewiß sein konnte. Friedrich Heinrich Jacobi (1743–1819), der 1762 als Neunzehnjähriger von Studienjahren aus Genf heimkehrte, gibt die Stimmung wider, die das Preisausschreiben in ihm – und sicherlich auch in vielen anderen – auslöste: „Meine Zurückkunft nach Deutschland traf gerade in die Zeit der Aufgabe der Berliner Akademie über die Evidenz in metaphysischen Wissenschaften. Keine Frage hätte meine Aufmerksamkeit in einem höheren Grade reitzen können. Ich erwartete mit Sehnsucht die Herausgabe der Abhandlungen . . ."[35]

Als Mendelssohn an die Bearbeitung der Preisfrage ging, wußte er nicht, daß sein Freund Thomas Abbt in Rinteln sich mit der gleichen Absicht trug. Am 21. April 1762 teilte ihm dieser mit: „Ich bin ziemlich willens über die Preisfrage der Akademie, vom Unterschiede der Gewißheit, welche die metaphysischen und mathematischen Wahrheiten gewähren, zu arbeiten. Dabey müßte die Lehre von der anschauenden Erkenntniß sehr auseinander gesetzt werden. Bis dahin spare ich also meine Gedanken."[36] Mendelssohn war bestürzt über diese Nachricht. Er wollte nicht mit dem Freunde in Konkurrenz treten. Nicolai, den er um Rat anging, schickte schließlich Abbt am 2. Juli 1762 einen Brief, in dem es hieß: „Sie schrieben . . . in Ihrem Briefe an H. Moses, daß Sie um den Preiß der Akademie arbeiten wollen. Weil ich merke, daß H. Moses Heirath ihn vor der Hand wohl abhalten wird, ausführlich an Sie zu schreiben, so will ich Ihnen nur melden, daß H. Moses eben diese Idee hat, und daß von seiner Abhandlung schon an 3/4 fertig sind. Er war itzt einigermaßen embarasieret, und wollte erste Ihnen allein überlassen um den Preis zu arbeiten. Dieses habe ich aber abgewendet, und Ihnen verbiete ich ebenfalls bei Strafe meines Fluchs, daß Sie Ihre Absicht nicht liegen lassen, weil H. Moses auch eine angefangen hat."[37] Zwei Tage später, am 4. Juli 1762 schrieb Mendelssohn selbst einen ausführlichen Brief an Abbt, in dem er dem Freunde mitteilte: „Als ich aus Ihrem Schreiben ersah, daß Sie um den Preis sich bewerben wollen, war mein erster Einfall, meine Arbeit einzustellen, und das fertige Manuscript nach Rinteln reisen zu lassen. Der Begriff, daß meine Ausarbeitung mit der Ihrigen ringen sollte, machte mich schüchtern. Jedoch der Rath unseres Freundes, und meine reifere Überlegung bewogen mich diesen Entschluß zu ändern. Ich gestehe es, daß ich den Helden lieber nicht gekannt hätte, mit dem ich zu kämpfen habe. Da er sich aber einmal zu erkennen gegeben; so erfordern die ritterlichen Gesetze, daß ich auch meinen Helm aus den Augen rücke, und meinen Freund vor dem Zweykampfe noch einmal umarme." Und weiter hieß es dann: „Ich schicke Ihnen meine Ausarbeitung, und Sie mir die Ihrige; aber nicht eher, damit wir uns einander nicht verwirren, und alsdenn das Vergnügen haben zu sehen, was für Wege wir einschlagen, wenn wir uns einander unbekannt, über dieselbe Materie schreiben. Unterliege ich, so ist es doch mein Freund, der den Sieg davon trägt . . ."[38]

Was war das nun für eine Abhandlung, die Mendelssohn der Berliner Akademie einreichte? Zugrunde lag der Untersuchung „Über die Evidenz in Metaphysischen Wissenschaften"[39] Mendelssohns Absicht, die von Maupertuis aufgestellte These zu widerlegen, daß es Evidenz und Übereinstimmung der Meinungen nur in den mathematischen Wissenschaften gebe.[40] In der Einleitung zu der in vier Abschnitte gegliederten Abhandlung fragt Mendelssohn nach dem Grund für den Wandel philosophischer Überzeugungen. Daß wir in den Systemen der Alten „so wenig Bündiges und Zusammenhängendes" fänden, komme daher, daß wir der „Wahrheit näher gekommen" seien und gelernt hätten, die ersten Grundsätze der Natur besser einzusehen und deutlicher auseinanderzusetzen. Es ist dies die Sprache des Aufklärers, der unbeirrbare Glaube an die Vernunft, das Wissen um den Fortschritt auch in der Metaphysik, die in Mendelssohns Worten anklingen: „In den dunkelen Zeiten war Aristoteles den Weltweisen noch weit mehr, als Homer den Dichtern ist. Seine Aussprüche wurden so lange für untrüglich gehalten, bis daß Cartes und Leibniz kamen, und es ihm an Gründlichkeit und Deutlichkeit zuvor thaten. Wenn die Neuern Heldengedichte hervorbringen werden, welche die Ilias so sehr an Schönheit übertreffen, als die Metaphysik des Cartes oder Leibniz die Aristotelische an Gründlichkeit und Deutlichkeit übertrifft: so wird die Ilias vielleicht so unbrauchbar scheinen, als die Philosophie des Aristoteles."[41]

Mit der Mathematik habe es hingegen eine eigene Beschaffenheit. „Ob gleich in derselben", heißt es in der Einleitung, „grössere Progressen gemacht, als in irgend einer Wissenschaft, so haben deswegen die Werke der Alten noch nicht ganz ihren Nutzen verloren."[42] Diese hätten zwar weniger gewußt, aber das was sie wußten, seien doch „unleugbare Wahrheiten" gewesen. Man habe es in „unserm Jahrhundert" versucht, so fährt Mendelssohn fort, die Anfangsgründe der Metaphysik durch „untrügliche Beweise auf einen eben so unveränderlichen Fuß zu setzen als die Anfangsgründe der Mathematik".[43] Die großen Hoffnungen, die man an dieses Unternehmen knüpfte, seien jedoch nicht erfüllt worden. Es habe sich gezeigt, „wie schwer dieses ins Werk zu richten sey". Selbst diejenigen, die die metaphysischen Begriffe für überzeugend und unwiderlegbar hielten, müßten doch endlich gestehen, daß man diesen Begriffen noch nicht die Evidenz der mathematischen Beweise habe geben können. Mendelssohn ist nun der Auffassung, daß zur Evidenz einer Wahrheit, außer der Gewißheit, auch noch die Faßlichkeit oder die Eigenschaft gehöre, „daß ein jeder, der den Beweiß nur einmal begriffen, sogleich von der Wahrheit völlig überzeugt"[44] sein müsse. „Ich getraue mich zu behaupten", heißt es in der Einleitung, womit bereits Mendelssohns Antwort auf die Preisfrage angedeutet wird, „dass die metaphysischen Wahrheiten zwar derselben Gewissheit, aber nicht derselben Fasslichkeit fähig sind, als die geometrischen Wahrheiten."[45]

Am 26. Mai 1763 fand die Sitzung der „Classe de Philosophie spéculative" der Akademie statt, in der Mendelssohn der Preis zugesprochen wurde. Eine Belobigung, einem zweiten Preis ähnlich, wurde nicht Abbt, sondern einem damals noch Unbekannten zuteil – nämlich Immanuel Kant.[46] Wie das Sitzungs-Protokoll ausweist, erhielten die Abhandlungen No. XX (sc. die Mendelssohns) und No. XXVIII (sc. die Kants) zunächst und wiederholt die gleiche Anzahl von Stimmen, bis schließlich der Abhandlung Nr. XX der Sieg zuerkannt wurde, wobei jedoch ausdrücklich vermerkt wurde, daß die Schrift No. XXVIII als des höchsten Lobes würdig bezeichnet werden solle.[47] Daß Mendelssohn der Preis zuteil wurde, ist dem Votum von Johann Georg Sulzer zu verdanken, dem Vorsitzenden der Philosophischen Klasse. Am 2. Juni wurde das Ergebnis verkündet und Mendelssohn als Preisträger festgestellt. Die „Berlinische privilegirte Zeitung" berichtete am Sonnabend, den 4. Juni: „Donnerstag hielt die Akademie ihre öffentliche Sitzung. Den Preis erhielt der schon zu Genüge durch seine Schriften bekannte hiesige Jude Moses Mendelssohn."

Als Abbt aus Genf zurückkehrte,[48] ließ Mendelssohn erkennen, daß er ihn hatte nicht verletzen wollen. „Glauben Sie aber ja nicht", schrieb er ihm am 20. November 1763, „daß ich mir einbilde, gesiegt zu haben, weil die Academie mir den Preis zuerkannt hat. Ich weiß gar wohl, daß im Kriege nicht selten der schlechtere General den Sieg davon trägt. Wir müssen den Streit unter uns ausmachen. Wenn ich Sie nicht überzeuge, so ist dieses Beweises genug, daß meine Gründe die erwünschte Evidenz nicht haben."[49]

Anmerkungen

1 GS, Bd. V, S. 315.

2 JubA, Bd. III/1, S. 131 f.

3 Ausführlich hierzu Alexander Altmann, Moses Mendelssohns Frühschriften zur Metaphysik, Tübingen 1969.

4 Göttingische Anzeigen von gelehrten Sachen, Nr. 11/1755, S. 1126–1130.

5 Berlinische privilegirte Zeitung vom 4. September 1755.

6 JubA, Bd. I, S. 238.

7 Ebenda, S. 241.

8 Ebenda, S. 243.

9 Ebenda, S. 251.

10 Ebenda, S. 280 f.

11 LLM, Bd. 5, S. 61 ff.

12 Aufschlußreich ist Mendelssohns Brief vom 15. Mai 1756 an den Theologen Friedrich Gabriel Resewitz (1725–1806), der wesentlich die Frage nach der ethischen Berechtigung des Selbstmords zum Inhalt hat (JubA, Bd. I, S. 40–52).

13 JubA, Bd. I, S. 302.

14 Rhapsodie, oder Zusätze zu den Briefen über die Empfindungen, in: JubA, Bd. I, S. 381–424.

15 Der entscheidende Anstoß zur Revidierung dieser Ansicht kam vermutlich von einer Bemerkung Lessings, die in dessen Brief vom 2. Fe-

bruar 1757 enthalten ist: „Darinn sind wir doch wohl einig, liebster Freund, daß alle Leidenschaften entweder heftige Begierden oder heftige Verabscheuung, eines größeren Grads unsrer Realität bewußt sind, und daß dieses Bewußtseyn nicht anders als angenehm seyn kann? Folglich sind alle Leidenschaften angenehm." (JubA, Bd. XI, S. 105). Mendelssohn schrieb darauf am 2. März 1757: „Sie haben vollkommen Recht. Das Vermögen, Vollkommenheiten zu lieben, und Unvollkommenheiten zu verabscheuen, ist eine Realität, und also eine Vollkommenheit. Die Ausübung derselben muß uns also nothwendig Vergnügen gewähren. Schade, daß mir diese feine Betrachtung unbekannt war, als ich meine Briefe über die Empfindungen geschrieben" (JubA, Bd. XI, S. 180).

16 JubA, Bd. I, S. 385.

17 Bibliothek der schönen Wissenschaften und der freyen Künste, Bd. 1/1757, S. 231–268.

18 JubA, Bd. I, S. 424–452.

19 Ebenda, S. 427.

20 Ebenda.

21 Ebenda, S. 429.

22 Ebenda, S. 431.

23 Ebenda, S. 435.

24 Das Batteux'sche Werk „Cours de belles-lettres" ist in Deutschland wegen der in ihr vertretenen ästhetischen Prinzipien auf Kritik gestoßen. Polemisch äußerten sich neben Mendelssohn und Lessing auch Schiller und Herder.

25 Bibliothek der schönen Wissenschaften und der freyen Künste, Bd. 2/1758, S. 229–267.

26 JubA, Bd. XI, S. 153.

27 JubA, Bd. I, S. 455–494.

28 Ebenda, S. 455.

29 Ebenda, S. 458.

30 Ebenda, S. 460.

31 JubA, Bd. I, S. 488.

32 Ebenda, S. 488.

33 JubA, Bd. XI, S. 343 f.

34 Die Preisfrage lautete im vollen Wortlaut: „On demande, si les vérités métaphysiques en général et en particulier les premiers principes de la Théologie naturelle et de la Morale sont susceptibles de la même évidence que les vérités mathématiques, et au cas qu'elles n'en soient pas susceptibles, quelle est la nature de leur certitude, à quel degré

elle peut parvenir, et si ce degré suffit pour la conviction?" (Adolf Harnack, Geschichte der Kgl. Preußischen Akademie der Wissenschaften, Berlin 1900, Bd. II, S. 306 f.)

35 Friedrich Heinrich Jacobis Werke hrsg. von Friedrich Roth, Bd. II, Leipzig 1815, S. 183.

36 JubA, Bd. XI, S. 321.

37 Altmann, Moses Mendelssohns Frühschriften zur Metaphysik, S. 256.

38 JubA, Bd. XI, S. 347 f.

39 JubA, Bd. II, S. 269–330.

40 Inhaltlich schloß sich die Preisschrift an die Abhandlung „Über die Wahrscheinlichkeit" an, die Mendelssohn für die „Gesellschaft literarischer Freunde" im Gelehrten Kaffehaus 1755 konzipiert hatte. Vgl. Altmann, Moses Mendelssohns Frühschriften zur Metaphysik, S. 209 ff.

41 JubA, Bd. II, S. 270.

42 Ebenda.

43 Ebenda, S. 271.

44 Ebenda.

45 Ebenda, S. 272.

46 Kants Arbeit hieß: „Untersuchung über die Deutlichkeit der Grundsätze der natürlichen Theologie und der Moral" (Vgl. Kant's Werke, Bd. II: Vorkritische Schriften, hrsg. von der Königlich Preußischen Akademie der Wissenschaften, Berlin 1905, S. 273–301).

47 Vgl. Frühschriften, S. 259.

48 Abbt hatte sich drei Monate in Genf aufgehalten, wo er Bonnet und Voltaire kennengelernt hatte. Mit Bonnets Hilfe hatte Abbt Mendelssohns „Rhapsodie" ins Französische übersetzt, die unter dem Titel „Recherches sur les Sentiments Moreux" 1764 erschien.

49 GS, Bd. V, S. 278.

IV. Mendelssohn als Literaturkritiker

> Wir sollten uns der Neigung nicht überlassen, gewisse Dinge zu sehr herunter zu setzen, weil sie andre zu sehr erhoben haben; denn dadurch bringen wir nur die Schalen in ein beständiges Schwanken und niemahls ins Gleichgewicht.
>
> Mendelssohn an Lessing 29. November 1770

Neben Lessing und Nicolai gilt Mendelssohn als einer der Begründer der modernen Literaturkritik. Er selbst hat es stets abgelehnt, von sich als einem Literaturkritiker zu sprechen. Allenfalls war er bereit, als Philosoph zu gelten, der vom Standpunkt der Philosophie sich zu literarischen Themen äußerte. Ähnlich muß es wohl auch Lessing empfunden haben, denn für Fragen, die seine dichterischen Werke angingen, hat er nicht Mendelssohn, sondern meist Karl Wilhelm Ramler als „poetischen Freund" zu Rate gezogen.[1] Mendelssohn hat sich um diese Rolle aber auch nicht gedrängt. Äußerungen Mendelssohns zu Lessings Dichtungen, insbesondere zu den großen Werken „Minna von Barnhelm", „Emilia Galotti" und „Nathan" liegen nur spärlich vor. Die Bemerkungen über das Lustspiel „Die Juden" können kaum als Stellungnahme zum dichterischen Gesamtwerk Lessings gelten. In einem Brief vom 11. August 1757, in dem Mendelssohn auf eine Anfrage Lessings antwortet, heißt es: „Ich würde thöricht seyn, wenn ich mich für einen Kenner des Theaters hielte; mich der ich in meinem Leben kaum zwey Trauerspiele von einer sehr mittelmäßigen Bande habe aufführen sehen."[2]

Auch wenn Mendelssohn, wie er selbst bescheiden meinte, kein Kenner des Theaters war, zu Fragen des Theaters hat er sich immer wieder geäußert. Das im Stil der Bodmerschen Patriarchaden verfaßte biblische Drama „Tod des Adam" (1757) des Dichters Friedrich Gottlieb Klopstock hat er z. B. als mißlungen bezeichnet. In seiner Besprechung dieses Stücks, die in der „Bibliothek der schönen Wissenschaften und der freyen Künste" erschien, witzelte Mendelssohn: „Der Verfasser dieses prosaischen Trauerspiels ist Herr Klopstock, dessen Name gewiß das Werk zieret; gesetzt auch, daß das Werk seinen Namen nicht zieren sollte."[3] Den ersten Eindruck hatte Mendelssohn Lessing bereits am 11. August 1757 mitgeteilt: „Den Tod Adams habe ich gelesen. Der tragische Styl der Prosa ist neu und ungemein schön. Im übrigen finde ich nichts an dem ganzen Stücke, das Klopstocks würdig sey . . ." Und weiter: Ich habe „alles mit ziemlich kaltem Blute, und öfters noch mit Verdruß gelesen, und dieses ist mein Beweis, daß mir dieses Stück nicht gefällt. Ich weiß nicht, wie Klopstock solch Zeug hinschreiben kann, das weder Zusammenhang, noch Handlung, weder Leidenschaften, noch irgend etwas anderes, außer einer kleinen Nüance von Charakteren hat."[4]

In den Jahren zwischen 1759 und 1765 arbeitete Mendelssohn an den berühmten „Literaturbriefen"[5] mit. Initiator der „Literaturbriefe" war Lessing, Mendelssohn war es aber, der Nicolai bewegt hatte, dieses Journal in Briefform herauszugeben. In Briefen an einen im Feld verwundeten Offizier – Lessing dachte an seinen Freund Christian Ewald von Kleist – sollten die bedeutendsten literarischen Neuerscheinungen dem Publikum vorgestellt und einer kritischen Erörterung unterzogen werden. Daß Mendelssohn nicht so sehr an einen fiktiven Offizier, sondern mehr an Lessing als Adressaten dachte, läßt ein Brief an Lessing vom 11. Februar 1761 erkennen: „Sie müssen nunmehr alle Briefe über die Litteratur, die nicht ganz leer von neuen Gedanken sind, ansehen, als wenn sie an Sie gerichtet wären. Für meinen Theil kann ich Sie versichern, daß ich weder den eingebildeten Officier, noch das Publikum in den Gedanken habe, so oft ich nicht bloß abschreibe, sondern selbst zu denken wage. Sie sind der Mann, den ich anrede und dessen Urtheile ich meine unreifen Einfälle unterwerfe."[6] Über die Zeit der Herausgabe der „Literaturbriefe" schrieb Nicolai später – am 24. Dezember 1768 – in einem Brief an Herder: „Lessing war der erste, der die Idee zu diesem Werke hergab. Er wollte auch das Meiste machen . . . Wir andern (Moses und ich und hernach Abbt) nahmen die äußere Form und schrieben jeder seinem Charakter gemäß, Moses versprach am Anfange nur die philosophischen Briefe zu machen . . ."[7] Ein Blick in die „Literaturbriefe" läßt schnell erkennen, daß Mendelssohn seine Mitarbeit nicht nur auf philosophische Themen beschränkte, sondern mit Lessing zusammen bemüht gewesen ist, die zeitgenössische Literatur einer gründlichen Prüfung zu unterziehen.

Mendelssohns Besprechungen in den „Literaturbriefen" zeigen ihn als einen intimen Kenner nicht nur der deutschen, sondern auch der englischen und französischen zeitgenössischen Literatur. Bereits in seiner ersten Rezension, die Withofs „Aufmunterungen in moralischen Gedichten" galt, zog Mendelssohn Parallellen, versuchte er den Einfluß der Engländer Pope und Young auf Withof herauszuarbeiten. In Withof erblickte er einen Schriftsteller, der in seinen moralisch-philosophischen Gedichten, in einzelnen Oden, sein Vorbild Albrecht von Haller (1707–1788) sogar noch übertraf. Mendelssohn strich aber auch die Mängel heraus, die er in den Dichtungen Withofs zu erkennen glaubte: „Seine Verse sind nichts weniger als wohlklingend, sein Ausdruck ist hart und öfters dunkel, seine Wortfügung fremd und unbiegsam; und überhaupt hat er die Sprache und das Mechanische in der Poesie nicht genug in seiner Gewalt . . .[8]

In den „Literaturbriefen" hat sich Mendelssohn auch eingehend mit den Gedichten der „deutschen Sappho" Anna Louisa Karschin (1722–1791) beschäftigt. Den Rang einer großen Dichterin räumte er ihr nicht ein. Auch hielt er ihr Werk für maßlos überschätzt. „Man hätte ihr", schrieb er in einer Besprechung, „die Kunst beibringen sollen, weniger zu dichten und mehr zu prüfen . . ."[9] Mendelssohn kritisierte an den Gedichten der Karschin vor allem die unnötigen Wiederholungen; überflüssige Beschreibungen; Abweichungen vom Thema; Kreisbewegungen in den Gedanken, welche den Fortgang aufhielten; fehlende Verbindungen zwischen verwandten oder entgegengesetzten Ideen; Nachlässigkeiten der Sprache. Unter den letzteren tadelte Mendelssohn hauptsächlich unnatürliche und schwülstige Ausdrücke, Notreime, seltsame Inversionen, ungewöhnliche Wortbildungen, die keine Bereicherung der Sprache darstellen. Die Besprechung der „Auserlesenen Gedichte" schließt mit einer von Nicolai hinzugefügten ernsten Mahnung an die Dichterin, ihre Gedichte mit großer Sorgfalt zu redigieren. Anstatt stolz zu sein auf die Leichtigkeit und Geschwindigkeit, mit der sie ihre Verse hinschreibt, sollte sie sich dessen schämen lernen und „sollte nunmehr auch lernen, aus Hochachtung für das Publikum und für die Nachwelt ein jedes Gedicht unzählige Male in die Hand zu nehmen, bevor sie es bekannt werden läßt".[10]

Mendelssohns Grundsatz, daß man ein Werk als solches und nicht nach anderen Verdiensten seines Autors beurteilen müsse, bildete die Grundlage für seine Besprechung von Rousseau's „Neue Héloïse". Er kritisierte die Ausdrucksweise Rousseau's als „spitzfindig, affectirt und voller Schwulst",[11] ausdrücklich erklärte er in der Besprechung aber, daß sich die Kritik nicht gegen den Philosophen, sondern gegen den Romandichter Rousseau richte. Mendelssohn gab zu bedenken, ob nicht der Philosoph den Romandichter behindert hätte: „Man sieht gar deutlich, daß es dem Herrn Rousseau mehr um seine philosophischen Materien, als um den Roman zu thun gewesen. Er hat keineswegs den Plan zur Geschichte zuerst entworfen, und sodann überlegt, welche Materien wohl als Episoden darin Platz finden könnten; sondern die Materien waren abgehandelt: und um sie zu verbinden und ein Ganzes daraus zu machen, erfand er eine Geschichte, die aus diesem Gesichtspunkte betrachtet zwar sinnreich genug ist, aber in der That mehr eine beständige Kette von Episoden, als eine wohlgeordnete Geschichte genannt werden kann."[12]

Wenig Gnade vor Mendelssohns Augen fand Johann Friedrich von Cronegks (1731–1758) Trauerspiel „Codrus". Für gelungener hielt er dessen unvollendete Tragödie „Olint und Sophronia". Im Gegensatz zu Lessing war er von dieser Arbeit angetan, auch wenn er einige kritische Anmerkungen machte. „Die Verse sind harmonisch, sanft und dennoch feurig, von der Art, wie die Chöre des Racine in der ‚Athalie' oder ‚Ester'",[14] so charakterisierte er Cronegks Alexandriner. Er bemerkte ferner, es gebe „einige Auftritte, die ihre vorzüglichen Schönheiten haben. Ich rede nicht von den schönen Tiraden; diese fehlen dem Herrn von Cronegk niemals. Ich meine tragische Situationen, die Leidenschaften zu erregen fähig sind."[15] Auch eine „meisterhafte Scene, die eines Corneille nicht unwürdig ist",[16] entdeckte Mendelssohn. Von Cronegks Lustspielen (z. B. „Der Mißtrauische") hielt er nicht viel, aber er erkannte an einzelnen Elementen den seltenen „erfindungsreichen Kopf". Über Cronegks Gedichte äußerte er sich neben anerkennenden Worten auch mit einigem Unmut, denn „die schwindligen Träumereien unserer Nacht- und Einsamkeitssänger",[17] welche in der Nachfolge der Edward Youngschen „Night-Thoughts" aufkommen, und die er auch in Cronegks poetischem Werk zu finden glaubte, waren ihm ein Ärgernis: „O der verwünschte Schlendrian! Zwar sind die Einsamkeiten eines Cronegk so öde nicht, als sie bei dem gemeinen Haufen der Dichterlinge zu seyn pflegen. Ein denkender Kopf nimmt allenthalben seine Seele mit, die seine Einsiedeleien selbst gesellig macht. Sie finden hier und da vortreffliche Verse, neue Gedanken, manche angenehme Beschreibung; aber das Ganze? Hieran ist nicht zu gedenken. Man faselt mit dem schwermüthig scheinenden Dichter von einer Grille auf die andere."[18]

Wielands Trauerspiel „Clementina von Poretta", das Mendelssohn in den „Literaturbriefen" rezensierte, kam ebenfalls nicht sehr gut weg. In der Präsentation seiner Kritik bediente Mendelssohn sich eines Kunstkniffs, den er vermutlich von Lessing übernommen hatte. Er gab vor, selbst den Plan zur Dramatisierung dieser Episode aus Richardsons Roman „Sir Charles Grandison" gehegt zu haben und knüpfte daran die Erörterung der Schwierigkeiten eines solchen Unterfangens, um zuletzt ungewohnt bissig zu bemerken: „Wie glücklich ist Hr. Wieland nicht! Über alle Schwierigkeiten, die ich mir gemacht habe, ist er weit hinweg. Er nimmt die Umstände alle, so wie sie ihm Richardson in die Hände liefert; übersetzt die wichtigsten Scenen von Wort zu Wort aus dem Englischen, setzt einige gleichgültige hinzu, um den Vorhang fünfmal aufziehen zu lassen; und siehe! es entsteht ein Ding, das Hr. Wieland ein Trauerspiel nennt. Ob es auf der Bühne gefallen oder nicht gefallen werde, das geht ihn nun weiter nichts an."[19]

Mendelssohns Kritik an Wielands Trauerspiel „Clementina von Poretta" hat der späteren wechselseitigen Hochachtung nicht im Wege gestanden. Die Strenge seiner Kritik verhinderte es in den meisten Fällen, daß sich ein persönliches freundschaftliches Verhältnis zwischen ihm und den von ihm rezensierten Autoren bildete. Das Verhältnis zu Wieland ist eine der wenigen Ausnahmen. Mendelssohn hat sich später wiederholt anerkennend über Wieland und dessen literarisches Schaffen geäußert. Von Wielands „Don Sylvio von Rosalva" zeigte er sich entzückt. Gefallen fand er auch an dem politisch-satirischen Roman „Der goldene Spiegel" (1772). „Was für ein außerordentlicher Mann ist Ihr Freund Wieland!",[20] schrieb er am 25. Juni 1772 an Johann Georg Zimmermann (1728–1795). Wieland seinerseits bekannte im November 1769 in einem Brief an Zimmermann, daß er darüber stolz sei, von „einem Moses Mendelssohn gelobt zu werden".[21] Ähnlich äußerte er sich gegenüber dem Philosophen Friedrich Justus Riedel (1742–1785) bald nach dem Erscheinen des „Agathon": „Es soll mir genug seyn, principibus placuisse viris, und ich habe das Vergnügen, Ihnen zu sagen, daß Zimmermann und Moses Mendelssohn unter diesen sind."[22] Gegenüber Christoph Friedrich Rinck, den Karlsruher Hof- und Stadtvikar, meinte Wieland einige Jahre später, daß Mendelssohn „ein helldenkender Kopf"[23] sei, dessen Bekanntschaft er nur empfehlen könne.

Von Interesse ist Mendelssohns Besprechung der Bühnenstücke von Johann Elias Schlegel (1718–1749), insbesondere seiner Komödie „Der Triumph der guten Frauen". Für Mendelssohn war diese Arbeit von Schlegel Anlaß, darüber nachzudenken, was unter einer Komödie überhaupt zu verstehen ist und welche kulturellen Voraussetzungen eine solche erfordert. Er war der Auffassung, das Lustspiel dürfe nicht der Erregung von Leidenschaften dienen. Vielmehr habe es die Aufgabe zu unterhalten, wobei das Vergnügen (am „edlen Comischen" nicht am „Possenhaften") durch den Kontrast von „Wohl- und Übelstand" oder durch den Konflikt von „Trieb" und „feiner Lebensart" entstehe. Die Komödie könne nur eine Nachahmung gegenwärtiger Sitten zeigen, denn die „Zuschauer müssen mit den handelnden Personen vom Anständigen ähnliche Begriffe haben, . . . wenn sie ihre bürgerlichen Handlungen aus dem gehörigen Augpunkte betrachten, und das Lächerliche derselben fassen sollen". Ferner bedürfe es eines hohen Raffinements der Kultur: „. . . zu welchem Grade von Geselligkeit, Sittlichkeit, feiner Lebensart und, wie Rousseau will, Verderbtheit muß es eine Nation gebracht haben, die einen Destouches oder Marivaux aufzuweisen hat!" Und Mendelssohn fragt sich im Hinblick auf das deutsche Lustspiel: „Ich weiß nicht, ob wir Deutschen . . . reif genug zum Comischen sind."[24]

In der Schlegel-Besprechung fällt Mendelssohns nationalpolitische Einstellung auf. Er stellte „mit einigem Widerwillen" fest, daß in dem Lustspiel „Der Triumph der guten Frauen" die „Charaktere nicht deutsch sind".[25] Mendelssohn bedauerte dies sehr, weil er meinte, ein Bühnenstück oder ein Buch – eine „Genieleistung", wie er dies an anderer Stelle nennt – sei durchaus in der Lage, Einfluß auf das jeweilige Geschmackssystem auszuüben. „Gute Bücher und eine gute Bühne", heißt es im 311. Literaturbrief (1765), „können den Geschmack einer Nation umbilden; schaffen sich ein Publikum, wie sie es haben wollen. Einige große Tonkünstler haben unserm Publico gleichsam Ohren gegeben; und nunmehr klagen die Musiker weit weniger, als alle anderen Virtuosen über Mangel des Geschmacks. Corneille und Racine haben dem französischen Publico Geschmack gegeben, und zwar einen solchen Geschmack, der ihrem Genie, günstig war. Shakespeare hat einen Eindruck auf das Gemüth seiner Nation gemacht, der Jahrhunderte fortdauert. Solche Genies schalten mit dem Gefühl des Publikums wie mit ihrem Eigenthume. Warum hat sich noch kein theatralischer Schriftsteller unter uns der Empfindung der Nation bemeistert, und sich derselben zu *eigen* gemacht? Ist dieses die Schuld des Publikums? Für einige mittelmäßige deutsche Originalstücke, welche man ihm gezeigt, hat es Nachsicht gehabt. Meisterstücke würden seinen Geschmack bestimmen, und seine Empfindungen lenken, wohin man will."[26]

Mendelssohn scheute sich nicht, in den „Literaturbriefen" auch die „Poésies diverses" Friedrich II. zu besprechen. Anfänglich äußerte er sich vorsichtig und erklärte: „Über die Gedichte selbst enthalte ich mich zu urtheilen."[27] Die Kritik erfolgte versteckt. Mendelssohn lobte die erhabene Gesinnung und Zartheit der Empfindungen, die gute Kenntnis des menschlichen Herzens – alles Aussagen, die für den König als Menschen, nicht aber als Dichter sprachen. Auch die Kritik darüber, daß der König sich in seinen Schriften der französischen Sprache bediente, kleidete Mendelssohn in ein Kompliment: „Welcher Verlust für unsere Muttersprache, daß sich dieser Fürst die französische geläufiger gemacht! Sie würde einen Schatz besitzen, um den ihre Nachbarn Ursache hätten sie zu beneiden.“[28] Wenn der König deutsch geschrieben hätte, fügte er gleich darauf hinzu, würde er „der Herablassung überhoben gewesen seyn“, sich in der Vorrede für sein „Français barbare“ zu entschuldigen. Auch der Rest dieser Besprechung ist ein Balancekunststück, ist der Versuch des Kritikers nicht mit den strengen Zensurbestimmungen zu kollidieren. Mendelssohn schaffte dieses Kunststück, die Person des Königs von den in den Gedichten ausgedrückten Ansichten zu trennen. Trotzdem wird seine Kritik deutlich, wenn er zu den philosophischen Ansichten des Königs in dem Gedicht „Epitre á Maupertuis“ ausführte: „Was ich davon halte? Das, was ich überhaupt von der Philosophie in Gedichten zu halten pflege. Wenn sich die Dichter eine philosophische Larve vorziehen wollen, so nehmen sie mehrentheils die erste beste: eine cynische, stoische, epikurische oder peripatetische; – was liegt daran?“[29] Die Gründe, die der König wider die Unsterblichkeit der Seele vorbringt, schienen ihm unerheblich, ließen ihm ein Eingehen auf diese nicht lohnenswert erscheinen. Seine Kritik läßt er in Form eines platonischen Lehrwortes deutlich werden: „Mich dünkt, ein Friederich, der an der Unsterblichkeit zweifelt, ist eine bloße Chimäre, ein viereckiger Zirkel, oder ein rundes Viereck!“[30] Das war sehr deutlich, doch folgt gleich ein überschwengliches, die Schärfe der Kritik verdeckendes Lob, das in dem Ausruf gipfelt: „Nein! lassen Sie uns immer den Dichter von dem Regenten, von dem Weltweisen, sogar von dem Menschen trennen. Jenem ist es erlaubt, zum Zeitvertreib Gedanken in Reime zu bringen, welche der Regent durch Thaten verläugnet, der Weltweise durch Gründe verspottet, und der Mensch selbst, der sich seines angeboren Adels bewußt ist, anzunehmen sich weigern muß.“[31]

Es war kein geringerer als der Nationalökonom Johann Heinrich Gottlob von Justi (1720–1771), der schließlich Mendelssohn und die „Literaturbriefe“ bei den Behörden denunzierte. In dem Schreiben, das er verfaßte, beschwerte er sich über die „Literaturbriefe“, „worin ein Jude in einem Aufsatz wider den Hofprediger Cramer in Kopenhagen die Gottheit Christi bestreitet, auch die Ehrfurcht gegen des Königs Allerhöchste Person und ein freches

Urteil über die ,Poésies diverses' aus den Augen gesetzt hat". Und dann heißt es weiter in diesem Schreiben: „Ich finde mich in meinem Gewissen verbunden, diese Attentate des Juden der Allerhöchsten Behörde anzuzeigen."[32] Die Denunziation führte am 18. März 1762 zu einem vorübergehenden Verbot der „Literaturbriefe". Schlimmer war, daß Mendelssohn vor den Generalfiscal von Uhden zum Verhör geladen wurde. Es war zu vermuten, daß dieses Verhör zu seiner Ausweisung aus Preußen führen würde. Einen Teil des Gespräches, das sich bei dieser Gelegenheit zwischen Mendelssohn und dem Generalfiscal entwickelte, hat Nicolai nach der Erzählung Mendelssohns niedergeschrieben. Nach Nicolais Notizen lautet das Kernstück des oft geschilderten Verhörs:

Generalfiscal: Hör' Er, wie kann er sich unterstehen, wider Christen zu schreiben?

Mendelssohn: Wenn ich mit Christen Kegel schiebe, so werfe ich alle Neune, wenn ich kann.

Generalfiscal: Untersteht Er sich zu spotten? Weiß Er wol mit wem Er redet?

Mendelssohn: O ja! Ich stehe vor dem Herren Geheimen Rath und Generalfiscal Uhden, vor einem gerechten Manne.

Generalfiscal: Ich frage Ihn noch ein mal: wer hat Ihm erlaubt, wider einen Christen und noch dazu wider einen Hofprediger zu schreiben?

Mendelssohn: Ich muß nochmals wiederholen und wahrlich ohne Spott: wenn ich mit einem Christen Kegel schiebe, wäre es auch ein Hofprediger, so werfe ich alle Neune, wenn ich kann. Das Kegelspiel ist eine Erholung für meinen Leib, wie die Schriftstellerei eine Erholung für meinen Geist. Jeder, welcher schreibt, macht es so gut, wie er immer kann. Uebrigens wüßte ich nicht, daß ich je wider einen Hofprediger, noch einen anderen Prediger geschrieben hätte.

Generalfiscal: O ich merke, Er will leugnen. Man wird Ihm schon seine Künste abfragen. Er hat wider die christliche Religion geschrieben.

Mendelssohn: Wer Ihnen dieses gesagt hat, hat Ihnen eine große Unwahrheit gesagt.

Generalfiscal: Leugne Er nur nicht, man weiß es schon besser. Dies ist wider das Judenprivilegium. Er hat den Schutz verwirkt.
Mendelssohn: Ach, ich habe hier keinen Schutz zu verwirken, ich habe kein Privilegium, ich bin Buchhalter beim Schutzjuden Bernhard.
Generalfiscal: Desto schlimmer! Die geringste Strafe für Seinen Frevel wird sein, daß man Ihn aus dem Lande verweiset.
Mendelssohn: Wenn man mich gehen heißt, so werde ich gehen. Ich habe mich nie den Gesetzen widersetzen wollen und der Gewalt kann ich mich noch weniger widersetzen.[33]

Das zeitwillige Verbot der „Literaturbriefe", die Schwierigkeiten, die er mit den Behörden hatte, haben dem Ruf Mendelssohns nicht geschadet, sondern eher genutzt. Viele seiner Bekanntschaften hatte er seiner Kritikertätigkeit zu verdanken. Über die „Literaturbriefe" lernte er zum Beispiel Thomas Abbt (1738–1766) kennen, den späteren Freund und Vertrauten,[34] den er zur Mitarbeitertätigkeit an der Zeitschrift[35] gewinnen konnte. Auch die Annäherung des jungen Herder an Mendelssohn ist den „Literaturbriefen" zuzuschreiben. Über diese wurde Herder auf Mendelssohn aufmerksam, lernte er dessen Besprechungen schätzen. Er rühmte sie, und zwar in seinen „Kritischen Wäldern", wo er nach einer Kritik von Mendelssohns ästhetischen Schriften sagte: „Wie känntlich ist er . . . in der Bibl[iothek] d[er] sch[önen] W[issenschaften] und in den Literaturbriefen. Gewiße Leute mögen sagen, was sie wollen; das Werk an dem Leßing, Moses und Abbt Hauptverfasser waren, wird eine der besten Schriften unseres Jahrhunderts bleiben, und die Recensionen des mittleren, unpartheiischten und gleichesten Philosophen wären es allein, die einen Lehrling auf den Weg der wahren Weltweisheit hinführen könnten, der jetzt, seitdem die Wolfe, Baumgartens, Kästners, Reimarus, Sulzers und Moses nicht mehr darauf wandeln, in Deutschland so verstäubt ist."[36]

Für die dritte der von Nicolai 1765 begründeten kritischen Zeitschriften, die „Allgemeine deutsche Bibliothek", hat Mendelssohn nur noch einige wenige Beiträge verfaßt. Am 14. Juni 1765 schrieb er Abbt: „Literaturbriefe schreibe ich nicht mehr, die Bibliothek geht mich nichts an."[37] Die Beiträge, die er zwischen 1765 und 1775 schrieb, befaßten sich u. a. mit der Homer-Übersetzung von Paul Jeremias Bitaubé, den Oden von Ramler, den Dichtungen von Johann Jacob Dusch, sowie den „Philosophischen Muthmaßungen über die Geschichte der Menschheit" von Isaak Iselin und dem „Neuen Organon" von Johann Heinrich Lambert. Nicolai hat sehr bedauert, daß Mendelssohn keine Zeit mehr für eine intensivere Arbeit aufbrachte. An Johann Georg Zimmermann schrieb er, warum weder Lessing noch Mendelssohn ständige Mitarbeiter an der „Allgemeinen deutschen Bibliothek" wurden: „Sie sagen, ich soll sie Lessing und Moses geben; ja! wenn's auf's Geben ankäme, so gäbe ich diesen Herren wohl wer weiß was! Ja, ich habe ihnen schon manches zu recensiren gegeben; nur das schlimmste ist, daß sie nichts machen. Lessing ist ein Aufschieber und hat noch gar nichts gemacht. Moses hat sehr viel Handlungsgeschäfte, so daß es fast Sünde ist, ihm die wenigen Stunden, in denen er noch studiren kann, zu rauben."[38]

Anmerkungen

1 Mendelssohns Meinung war ihm deswegen aber nicht gleichgültig. Vgl. Brief an Karl Lessing vom 7. Dezember 1778: „Es soll mich verlangen, was Herr Ramler dazu [zu den Versen des „Nathan"] sagen wird. Ihm und Herrn Moses kannst Du sie wohl weisen, dessen Urtheil vom Tone des Ganzen ich wohl auch zu wissen begierig wäre" (LLM, Bd. 18, S. 294).

2 JubA, Bd. XI, S. 147.

3 Bibliothek der schönen Wissenschaften und der freyen Künste, II. 1, S. 212. Das Attribut „prosaisch" hat keineswegs abwertende Bedeutung, sondern bedeutet „in Prosa geschrieben".

4 JubA, Bd. XI, S. 147.

5 Briefe die Neueste Litteratur betreffend. Geschrieben in den Jahren 1759 bis 1763. Vier und zwanzig Teile, Berlin und Stettin 1766. Die 333 Literaturbriefe erschienen in kleinen Heftchen von durch-

schnittlich einem Druckbogen Umfang. Von Mendelssohn stammen 112 Briefe. Vgl. Brigitte Rauer, Moses Mendelssohns Stellung in der deutschen Literaturkritik, Ph. D. Wayne State University 1973, S. 90 ff.
6 JubA, Bd. XI, S. 192 f.
7 Meyer, Bibliographie, S. 66 f.
8 GS, Bd. IV/1, S. 158.
9 GS, Bd. IV/2, S. 424.
10 Ebenda, S. 442.
11 Ebenda, S. 268.
12 Ebenda, S. 277 f.
13 In der „Hamburgischen Dramaturgie" tadelte Lessing, daß Cronegk in „Olint und Sophronia" manchmal „gefärbtes Glas für Edelsteine und witzige Antithesen für gesunden Verstand einzuschwatzen" (LLM, Bd. 9, S. 184–188) versuche.
14 GS, Bd. IV/2, S. 305.
15 Ebenda, S. 309.
16 Ebenda, S. 310.
17 Ebenda, S. 311.
18 Ebenda, S. 330 f.
19 GS, Bd. IV/2, S. 151.
20 Eduard Bodemann, Zimmermann. Sein Leben und bisher ungedruckte Briefe, Hannover 1878, S. 286.
21 Ausgewählte Briefe von C. M. Wieland an verschiedene Freunde in den Jahren 1751 bis 1810 geschrieben, und nach der Zeitfolge geordnet, Zweyter Band, Zürich 1815, S. 286.
22 Auswahl denkwürdiger Briefe von C. M. Wieland, hrsg. von Ludwig Wieland, Erster Band, Wien 1815, S. 181.
23 Meyer, Bibliographie, S. 117, Nr. 674.
24 GS, Bd. IV/2, S. 455 f.
25 Ebenda, S. 457.
26 Ebenda, S. 446.
27 Ebenda, S. 67.
28 Ebenda, S. 68.
29 Ebenda, S. 83.
30 Ebenda, S. 70 ff.
31 Ebenda, S. 84.
32 J. D. E. Preuß, Friedrich der Große. Eine Lebensgeschichte, Berlin 1833, S. 257.

33 G. Malkewitz, Wie Moses Mendelssohn berühmt wurde, in: Vossische Zeitung, 23. 4. 1882, Nr. 17, S. 9–11.

34 Der Briefwechsel, den Abbt und Mendelssohn miteinander führten, läßt erkennen, wie sehr beide Männer einander schätzten und vertrauten. Abbt war dankbar für jede Kritik, die er durch Mendelssohn erfuhr. In einem Brief, an Christian Adolf Klotz vom 3. Juli 1765 gesteht er: „Herr Moses ist gar nicht mit meinem Schriftstellermasse zufrieden und glaubt, daß ich bloß auf die Extension und nicht genug auf die Intension des verdienstes dabey gesehen. Was kann ich thun? es ist mir lieber, daß ich mit vernünftigen Leuten verschiedener Meinung bin, als mit Narren" (Thomas Abbts vermischte Werke, hrsg. von Friedrich Nicolai, Teil 5: Vermischte Aufsätze und Briefe, Berlin und Stettin 1780, S. 159). Als Mendelssohn einmal längere Zeit nichts von Abbt gehört hatte, sprach er in einem Brief seine Besorgnis darüber aus. Abbt antwortete am 26. Juni 1766: „ich sollte aufgehört haben, Ihr Freund zu seyn? Das wolle Gott nicht! Ich verlöhre in Wahrheit eine der grösten Glückseligkeiten meines Lebens. Ich habe es immer als solche gerechnet, daß ich mit Ihnen bekannt und fast durch Sympathie gleichsam auf einmal Freund geworden bin. Denn ich weiß es, daß ich Sie gleich gewonnen habe, so langsam Sie sonst auch mit Verschenkung Ihres Zutrauens sind. So was verscherzt man nicht mutwillig und giebt es noch weniger auf . . ." (JubA, Bd. XII/1, S. 115 f.).

Der Briefwechsel zwischen Mendelssohn und Abbt umfaßt den Zeitraum von März 1761 bis Juli 1766. Er gehört zu den interessantesten und philosophisch gehaltvollsten Briefkorrespondenzen des 18. Jahrhunderts. Mendelssohn selbst hat 1782 „Anmerkungen" zu dieser Korrespondenz veröffentlicht, die als selbständige Schrift und als Anhang zum dritten Teil von Abbts „Vermischten Werken" erschienen sind.

35 Abbt schrieb für die „Literaturbriefe" eine Reihe von Beiträgen, u. a. eine Besprechung von Mendelssohns „Philosophischen Schriften". An einer Stelle der Besprechung heißt es: „Das Talent dieses Schriftstellers, abstrakte Wahrheiten ins Licht zu setzen und mit der Klarheit zu versehen, die dem Verstande das Arbeiten leicht macht, ist so entschieden, daß es unverantwortlich wäre, wenn er nicht die wichtigsten Materien der Metaphysik mit eben dem glücklichen Fleiße des Genies bearbeitete. Man vergißt die Einwürfe gegen die Grübelleien der Metaphysik, solange man ihn liest" (Briefe die neueste Litteratur betreffend, 23. Teil, S. 60 ff.).

36 Johann Gottfried Herder, Sämtliche Werke, hrsg. von Bernhard Suphan, Bd. 4, Hildesheim 1968 [Nachdruck], S. 148.
37 GS, Bd. V, S. 350.
38 Günther Ost, Friedrich Nicolais Allgemeine Deutsche Bibliothek (= Germanistische Studien, Bd. 63), Berlin 1928 [Nachdruck, Nendeln 1967], S. 10.

V. Jüdisches Leben im Berlin Friedrich II.

Es thut mir weh, daß ich um das Recht der Existenz erst bitten soll, welches das Recht eines jeden Menschen ist . . .
Mendelssohn an den Marquis d'Argens, Anfang 1763

Mendelssohn hat erst spät geheiratet, im Alter von 32 Jahren. Eine Geschäftsreise für das Seidenhaus Bernhard hatte ihn im April 1761 in das Haus des Hamburger Kaufmannes Abraham Gugenheim geführt, wo er dessen Tochter Fromet kennenlernte und sich in diese verliebte. Die Geschichte dieser Liebe ist wenig aufregend, nicht von Leidenschaft, sondern eher von einer stillen und ernsten Zärtlichkeit bestimmt gewesen. Lessing war der erste, dem Mendelssohn von seiner Liebe vorschwärmte. „Unser Briefwechsel" schrieb er ihm Mitte Mai 1761, „ist lange genug unterbrochen gewesen. Ich muß ihn nunmehr erneuern. Ich würde nimmermehr so lange habe schweigen können, wenn ich nicht eine Reise nach Hamburg gethan hätte, die mich in tausend Zerstreuungen verwickelt hat. Ich habe das Theater besucht, ich habe Gelehrte kennen lernen,[1] und was Sie nicht wenig befremden wird, ich habe die Thorheit begangen, mich in meinem dreyßigsten Jahre zu verlieben. Sie lachen? Immerhin! Wer weiß, was Ihnen noch begegnen kann? Vielleicht ist das dreyßigste Jahr das gefährlichste, und Sie haben dieses ja noch nicht erreicht. Das Frauenzimmer, das ich zu heyrathen Willens bin, hat kein Vermögen, ist weder schön noch gelehrt, und gleichwol bin ich verliebter Geck so sehr von ihr eingenommen, daß ich glaube, glücklich mit ihr leben zu können. An Unterhalt, hoffe ich, soll es mir nicht fehlen, und an Muße zum Studieren werde ich mirs gewiß nicht fehlen lassen. Zum Hochzeitskarmen sollen Sie noch ein ganzes Jahr Zeit haben, aber alsdann muß ihre reimfaule Muse die staubigte Leyer wieder ergreifen; denn wie könnte ich unbesungen Hochzeit machen?"[2]

Gegenüber Lessing äußerte sich Mendelssohn von Mann zu

Mann. Fromet gegenüber schlug er einen anderen Ton an, einen geradezu romantischen, der nicht ohne Humor war. In einem Brief, den er am 28. Juli 1761 schrieb, kurz nachdem ihre Verlobung bekannt gegeben worden war, hieß es: „Allerliebste Fromet! Ich habe in Ihres Vaters Schreiben eine Entdeckung gemacht, die mich nicht wenig vergnügt. Der gütige Mann versichert mich, seine Tochter Fromet sey eben so schön als tugendhaft. Was meinen Sie? Man kann doch einem ehrlichen Manne auf seinem Wort glauben? . . . Der gute Herr Abraham Gugenheim muß doch wissen, daß die Philosophen auch gern was Schönes haben . . . Nein, so lange wir uns getrennt sehen müßen, wollen wir uns so oft als möglich Gelegenheit geben, an einander zu denken. Es macht mir kein geringes Vergnügen, wenn ich denken kann, jetzt liest Fromet meine Briefe, jetzt schreibt sie an mich, jetzt ist sie verdrießlich, daß sie gestöhrt wird, und jetzt freut sie sich, daß ihr ein Ausdruck gelungen . . ."[3] Mendelssohns liebenswürdige Art, seine gutmütig-witzige Persönlichkeit wird in einem Brief ganz besonders deutlich, den er kaum vier Wochen später, am 28. August 1761, seiner Braut schrieb: „Liebste Fromet! Ich habe noch niemahls gemerkt, daß in meinem Zimmer kein Spiegel ist, bis Sie mir in Ihrem letzten Schreiben befahlen, mich sogleich im Spiegel zu sehen. Ich wollte gehorsamen, und siehe, es war kein Spiegel zu sehen. Sie können also leichtlich vorstellen, wie wenig ich mein Gesicht kenne, ob es freundlich oder trocken aussieht. Ich muß andern Leuten glauben, und ich weis nicht, welcher niedliche Herr mich hat bereden wollen, ich sehe trocken aus. Nun da Sie mich das Gegentheil versichern, bin ich schon wieder gut . . ."[4]

Die Briefe an Fromet[5] spiegeln den Alltag Mendelssohns wider, sein Leben, das zugleich das eines tätigen Kaufmannes und das eines nachdenkenden Philosophen ist: Er gibt den Freunden in Hamburg kaufmännische Ratschläge, erteilt der Braut Auskünfte über materielle Fragen, um im nächsten Augenblick auf Rousseau zu kommen. Die Korrespondenz zeigt, wie rührend Mendelssohn bemüht war, seine künftige Frau zu belehren, sie mit der zeitgenössischen Literatur bekannt zu machen. Er schickte ihr seine gerade erschienenen „Philosophischen Schriften", achtete aber sorgfältig darauf, seine intellektuelle Überlegenheit nicht zu sehr auszuspielen. Mendelssohn ermutigte Fromet, Französisch zu erlernen. Er selbst bezahlte den Lehrer, einen gewissen Johann Joachim Bode (1730–1793), den er während seines Aufenthaltes in Hamburg kennengelernt hatte. Bode scheint die ihm übertragene Aufgabe jedoch nicht sonderlich ernst genommen zu haben, denn häufig versäumte er es, zu den angesetzten Stunden zu erscheinen. Als Fromet darüber berichtete, antwortete Mendelssohn in einem Brief am 26. Januar 1762: „Sie verlangen in einem Ihrer Briefe, ich sollte Boden schreiben, warum er nicht kommt. Mich dünkt aber, es sey überflüßig jemanden durch Bitten zu bewegen, wenn man sich so oft nicht nur zu billigen Belohnung, sondern auch zu Gegengefälligkeiten anheischig gemacht hat. Ich habe den Herren genug karessirt. Ist er aber im Herzen ein Judenfeind, so verdient er nicht, daß man seinen Umgang suche. Mich dünkt so, daß die Höflichkeit ihn mit einem Exemplar von meinen Schriften zu beschenken, wohl eine Antwort verdient hätte. Seyen Sie also so gütig, und lassen ihn wissen, wenn er nicht kommen wollte, so möchte er gütigst belieben, Ihnen zu melden, wieviel ihm zukomme, und einen anderen an seine Stelle zu recommandiren. Können Sie doch ein Billet an ihn schreiben, und allenfalls melden, ich hätte Sie darum ersucht. Es kann mich nichts so sehr verdrießen, als wenn mir ein Christ seine Bekanntschaft so theuer anrechnet, und sich im Herzen zu erniedrigen dünkt, wenn er mit einem Juden vertraut ist.“ Und Mendelssohn fügt diesem Bekenntnis das stolze Wort bei: „Sobald ich so was merke, so werde ich trotzig.“[6]

Im Juni 1762 heiratete Mendelssohn Fromet Gugenheim in Hamburg. Seinem Vorsatz gemäß hatte Mendelssohn erst ein volles Jahr verstreichen lassen, ehe er sich zu diesem Schritt entschloss. Er war der Meinung, daß er, wenn er eine Familie gründen, vorher für eine ausreichende Existenzgrundlage zu sorgen habe. Es gelang ihm dies Ende 1761, als er seine Position in der Bernhardschen Seidenwarenfabrik ausbauen und einen festen Kontrakt abschließen konnte. Ein Angebot von Veitel Heine Ephraim als Disponent in das Haus Ephraim und Söhne einzutreten, lehnte Mendelssohn ab. An einer Steigerung seines Einkommens war er zwar interessiert, nicht aber um den Preis neuer Abhängigkeiten. Seine bisherige Beschäftigung füllte ihn aus, ließ ihm Zeit für seine wissenschaftlichen Arbeiten, daß ein Wechsel in der Tätigkeit für ihn nicht in Frage kam. Vermutlich scheute er auch davor zurück, seinen Namen mit den Münzgeschäften des Hauses Ephraim und Söhne[7] in Verbindung zu bringen. Am 23. Februar 1762 schrieb er Fromet nach Hamburg: „Ich sehe täglich mehr, daß mein Gemüth zu leicht nachgiebt, und danke Gott, daß ich von dem Münzen weg geblieben bin, wie leicht wäre ich mit dem Strom fortgeschwommen ... Alle Welt beschuldigt mich, ich hätte mir die Gelegenheit zu Nutz machen sollen, ein reicher Kerl zu werden. Aber ich kenne meine Schwachheit, und weis daß ich recht gethan habe."[8]

In seinen geschäftlichen Aktivitäten ist Mendelssohn sehr erfolgreich geworden. Ohne seine unternehmerischen Talente hätte Isaak Bernhard vermutlich nicht 1764 die Damastzeugmanufaktur eines fallit gewordenen holländischen Unternehmens in Potsdam übernehmen können.[9] Mendelssohn war es zu verdanken, daß aus dem königlichen Manufakturfonds 20000 Taler dem Unternehmen zur Verfügung gestellt wurden – eine Summe, die es ermöglichte das Bernhardsche Unternehmen zu vergrößern. Die Zahl der Webstühle stieg von 40 auf 60. Nach Bernhards Tod 1768 führten Mendelssohn mit Bernhards Witwe und dessen Kindern „zur Allerhöchsten Zufriedenheit" die Potsdamer und Berliner Fabriken fort und erweiterten sie so sehr, daß sie manchmal 120 Webstühle in Betrieb hatten.

Obgleich Mendelssohn geschäftlich erfolgreich, als „Weltweiser" über die Grenzen Berlins hinaus bekannt war, fiel auch er unter die vom König erlassenen Bestimmungen des Reglements von 1750,[10] das als Richtschnur der Judensachen sowohl in Berlin als in den Provinzen diente und die Grundlage der Verfassung der gesamten preußischen Judenschaft bis zum Jahre 1812 bildete. In den 32 Paragraphen des Reglements war genau festgelegt, nach welchen Grundsätzen die Juden „angesetzt" und „vergleitet" werden, Handel und Wandel treiben, Fabriken gründen, ihre Gemeindeangelegenheiten einrichten, ihre Ältesten und Rabbiner wählen, ihr Verhältnis zum Staat regeln sollten. Es war genau festgelegt, wer über Wirtschafts- und Niederlassungsrechte verfügen durfte. Außer auf eine Handvoll von den Verfügungen des Reglements nicht betroffener „generalprivilegierter" Juden traf dies nur auf einige „ordentliche" und „außerordentliche" Schutzjuden zu. Nur die „ordentlichen" Schutzjuden – in Berlin gab es rund 200 Stammfamilien und Wohlhabende – durften ihr Schutzprivilegium auf das erste Kind vererben. Ein zweites und drittes Kind durfte nur bei besonders großem Vermögen „angesetzt" werden. Die „außerordentlichen" Schutzjuden genossen den Schutz nur für ihre eigene Person. Die ihnen übertragenen Rechte konnten überhaupt nicht übertragen werden.[11]

Neben den unmenschlichen Bestimmungen des friderizianischen Judenreglements gab es noch eine Reihe anderer Auflagen, unter denen die Juden in Preußen zu leiden hatten. So ruhten auf der gesamten preußischen Judenheit seit 1728 15000 Taler „Schutzgeld" – eine Summe, von der einen beträchtlichen Anteil die Berliner Judenschaft aufzubringen hatte. Hinzu kamen der Anteil an den Rekrutengeldern, an den Kalendergeldern, die der Akademie der Wissenschaften für die hebräischen Kalender bezahlt wurden. Sonderabgaben mußten geleistet werden für alle möglichen Anlässe, z. B. für die Bestätigung der Ältestenwahlen, für Trauscheine, Ehedispense, für die Verheiratung der Kinder. Als besonders demütigend wurde ein Dekret Friedrich II. empfunden, das jedem Juden, der heiraten wollte, die Verpflichtung auferlegte, einen größeren Posten Porzellan aus der 1761 begründeten Berliner Porzellanmanufaktur zu kaufen. Die erpresserische Methode ging sogar so weit, jegliches Privilegium das erbeten wurde, nur dann zu billigen, wenn die Juden auch gleichzeitig eine bestimmte Menge des Porzellans übernähmen.[12] Auch Mendelssohn kam bei seiner Heirat um dieses Dekret nicht herum. Fromet und er wurden Besitzer von zwanzig Porzellanaffen, die sie fortan auf die Räume ihres Berliner Hauses verteilten. Viele dieser Porzellanaffen blieben jahrelang in der Familie. Noch Mendelssohns Enkel sollen mit diesen gespielt haben.

Mendelssohn gehörte zu der Gruppe von Juden, die keinerlei Rechte besaßen, die in Preußen nur „geduldet" waren. In Berlin konnte er sich nur deshalb aufhalten, weil ein „ordentlicher"

Schutzjude für ihn bürgte. Als er sich entschloß Fromet Gugenheim zu heiraten, wurde es wichtig für ihn das Privilegium eines Schutzjuden zu erhalten. Das Reglement besagt nämlich, daß Verwandten von Schutzjuden oder fremde Juden die „Ansetzung" niemals erlaubt werden kann, es sei denn, sie bringen ein Vermögen von 10000 Talern ins Land. Es schien Mendelssohn deshalb ratsam, sich um einen Schutzbrief zu bemühen. Seiner Braut schrieb er am 7. Juli 1761: „Sie fragen, ob ich die Niederlassungsrechte schon habe? Liebste Fromet! Das geht hier so leicht nicht. Ich muß warten bis S. M. der König in die Winterquartiere geht, und nachher bey dem Kabinett drum anhalten."[13]

Als der Marquis d'Argens (1704–1771), der als philosophischer Gesellschafter Friedrichs in Potsdam lebte und mit Mendelssohn verkehrte, erfuhr, daß fremde Juden nicht im Lande bleiben durften, war er nicht wenig überrascht.[14] „Aber", soll er gefragt haben, „notre cher Moise trifft dieses doch nicht?" „O ja!" war die Antwort, „er wird blos geduldet, weil er im Dienste des Fabrikanten Bernhard steht. Wenn dieser ihn heute entläßt, und er keinen anderen Schutzjuden findet, der ihn in Dienst nehmen will, so würde die Polizei ihn zwingen, noch heute die Stadt zu verlassen." Der Marquis d'Argens wollte nicht glauben, daß ein so weiser und gelehrter Mann täglich mit der Gefahr der Ausweisung zu rechnen hatte und sprach darüber mit Mendelssohn. Dieser bestätigte es und meinte: „Sokrates bewies ja seinem Freunde Kriton, daß der Weise schuldig ist zu sterben, wenn es die Gesetze des Staates fordern. Ich muß also die Gesetze des Staates, in welchem ich lebe, noch für milde halten, daß sie mich blos austreiben, im Falle mich in Ermangelung eines andern Schutzjuden auch nicht ein Trödeljude für seinen Diener erklären will." Auf das Verlangen des Marquis, er solle eine Bittschrift aufsetzen, die er selbst übergeben wolle, ließ Mendelssohn erkennen, daß ihm dieses unangenehm sei: „Es thut mir weh, daß ich um das Recht der Existenz erst bitten soll, welches das Recht eines jeden Menschen ist, der als ruhiger Bürger lebt. Wenn aber der Staat überwiegende Gründe hat, Leute von meiner Nation nur in gewisser Anzahl aufzunehmen, welches Vorrecht kann ich vor meinen übrigen Mitbrüdern haben, eine Ausnahme zu verlangen?"

Es war d'Argens, der wenige Wochen nach dem Frieden von Hubertusburg Mendelssohn dazu bewegte, mit der Bitte um einen Schutzbrief an den König heranzutreten. „Ich habe seit meiner Kindheit", hieß es in der Bittschrift vom April 1763, „beständig in Ewr. Majestät Staaten gelebt, und wünsche, mich auf immer in denselben niederlassen zu können. Da ich aber ein Ausländer bin, und das nach dem Reglement erforderliche Vermögen nicht besitze, so erkühne ich mich allerunterthänigst, zu bitten, Ew. Königliche Majestät wollen allergnädigst geruhen, mir mit meinen Nachkommen Dero allerhöchsten Schutz neben den Freyheiten, die Dero Unterthanen zu genießen haben, angedeihen zu lassen, in Betrachtung, daß ich den Abgang an Vermögen, durch meine Bemühungen in den Wissenschaften ersetze, die sich Ew. Maj. Protektion vorzüglicher Weise zu erfreuen haben."[15] Eine Antwort erhielt Mendelssohn auf diese Bittschrift nicht. Er mußte am 19. Juli 1763 noch einmal ein Schreiben aufsetzen, in dem er die Bitte wiederholte. D'Argens fügte dem Schreiben noch den berühmt gewordenen Nachsatz („Un Philosophe mauvais catholique supplie un Philosophe mauvais protestant de donner le privilège à un Philosophe mauvais juif. Il y a trop de Philosophie dans tout ceci que la raison ne soit pas du côté de la demande") hinzu, der Mendelssohns Anliegen unterstützte.[16] Ob es die geistreichen Worte des Marquis gewesen sind, oder der Bekanntheitsgrad Mendelssohns war, der König zeigte sich jedenfalls bereit, seinen Namen unter das Gesuch zu setzen. Aufgrund einer Kabinettsordre vom 24. Oktober 1763 erhielt Mendelssohn das Privilegium eines Schutzjuden.[17] Abgeschlagen wurde ihm später nur die Bitte, das Privilegium auch auf seine Nachkommen[18] auszudehnen.

Es hat nicht an Versuchen gefehlt, Mendelssohn und den Preußenkönig als recht vertraut miteinander darzustellen. Beweise, die eine solche Behauptung stützen könnten, gibt es kaum. Eine ganze Reihe von Legenden ranken sich um die Gespräche, die der König und Mendelssohn angeblich miteinander geführt haben sollen – Gespräche, in denen Mendelssohn immer das letzte Wort behielt. Eine Geschichte besagt, Mendelssohn sei eines Tages eilig nach Potsdam gerufen worden, da der König dringend seinen Rat benötigte. Ein Hofbeamter, der dem buckligen, ärmlich gekleideten Juden das Tor öffnete, fragte ihn, wer er sei und was er denn vom König wolle. Mendelssohn antwortete: „Ich spiele aus der Tasche." Es war dies eine Antwort, die ihm den Zugang zum Schloß ermöglichte. Als er dem König die Geschichte erzählte, fragte dieser: „Warum haben Sie ihm das gesagt?" Darauf Mendelssohn: „Weil es, wie ich weiß, für einen Jongleur einfacher ist, in das Schloß zu kommen, als für einen Philosophen."

Eine andere Geschichte will wissen, eines Tages habe der König Mendelssohn bei einem Spaziergang auf der Straße getroffen. „Guten Morgen, Herr Mendelssohn", sagte der König. „Wohin des Wegs?" „Ich weiß es nicht", antwortete Mendelssohn. „Wie können Sie mir solche Antwort geben?" schrie der König erbost. „Wache! Werft den Mann ins Gefängnis!" Darauf antwortete Mendelssohn, als die Soldaten sich anschickten, ihn abzuführen: „Sehen Sie, Majestät, wußte ich denn, daß ich ins Gefängnis gehen würde?"

Daß das Verhältnis zwischen Friedrich II. und Mendelssohn so eng nicht gewesen sein kann, wie die geschilderten Histörchen glauben machen, läßt des Königs Einspruch gegen die Wahl Mendelssohns zum Mitglied der Akademie der Wissenschaften Anfang des Jahres 1771 erkennen. Welche Gründe der König hatte, der Wahl Mendelssohns die Zustimmung zu verwehren, haben auch die Zeitgenossen nur vermuten können. Einige glaubten, daß der König Mendelssohn die Mißachtung der französischen Philosophen und die Kritik seiner Gedichte nicht hätte verzeihen können. Andere waren der Überzeugung, der König habe die Wahl Mendelssohns zum Akademiemitglied hintertrieben, weil dieser ein Jude gewesen sei. Seinem Freund Herz Homberg, dessen Bewerbung auf den Posten eines Korrepetitors Kaiser Joseph abgelehnt hatte, schrieb Mendelssohn: „Ich habe, wie Sie wissen, ein ähnliches Schicksal gehabt. Die Akademie hat mich zum Mitgliede gewählt, des Königs Majestät aber die Wahl nicht bestätigt. Warum? das weiß ich eben so wenig, als Sie jetzt wissen, warum Sie der Kaiser nicht zum Correpititor haben will . . ."[19]

Ein Freund der Juden ist der Preußenkönig Friedrich II. ganz sicher nicht gewesen.[20] Seine Haltung ihnen gegenüber war von Gleichgültigkeit oder Ablehnung bestimmt. Allenfalls war er an der Frage interessiert, ob die Judenschaft ein nützliches oder ein schädliches, ein brauchbares oder ein überflüssiges Glied im Ganzen des preußischen Staatskörpers darstellte. Seine oft verkündeten Prinzipien von Humanität und Toleranz, von Menschenwürde und Menschenliebe, von Recht und Gerechtigkeit, fanden auf die Juden keine Anwendung. Im Gegensatz zu anderen verfolgten Minderheiten, wie den Pietisten, den Herrenhutern, den Hussiten, den Sozinianern, den Menoniten, den Türken und schlesischen Schwenkfeldianern, die Schutz in Preußen erhielten, hatten die Juden nicht mit dem Mitleid des Königs zu rechnen. Es ist oft gerätselt worden, warum Friedrich die Humanität, die man nach seinen Worten für jedes Mitglied des Volkes haben müsse, gerade denen nicht zuteil werden ließ, die der Menschlichkeit am meisten bedurft hätten? Vielleicht haben diejenigen Recht, die seine judenfeindliche Haltung auf Vorurteile und Aversionen, auf den Einfluß Voltaires und anderer zurückführen? Seine Aussprüche über die Juden lassen jedenfalls erkennen, daß er mit ihnen nicht viel im Sinn, daß er ihnen nicht sehr gewogen war. Im politischen Testament von 1752, das für seinen Nachfolger bestimmt war, bezeichnete er die Juden als die Gefährlichste aller Sekten, da sie den Handel der Christen schädigten und für den Staat nicht zu gebrauchen seien. Dem zukünftigen Thronfolger gab er den Rat, gegen die Juden vorzugehen, zu verhindern, daß noch mehr von ihnen ins Land kämen. Im politischen Testament von 1768 ist von dem Schaden die Rede, den die Juden durch Wucher, Schmuggel und tausend Schurkereien anzurichten imstande seien, wenn man sie nicht beaufsichtige. Dem schlesischen Minister von Hoym, dessen judenfreundliche Gesinnung bekannt war, gab er einmal zu verstehen,[21] er wisse schon lange, daß jener eine „geheime Inclination" für die Juden habe. „Aber auf Meiner Seite denke ich anders, denn wenn die Juden abgeschaffet und an deren Stelle Christen zu den Wirtschaften genommen werden, so ist das zum Besten des Landes." Es ist kaum anzunehmen, daß Mendelssohn zu den Verehrern des Preußenkönigs gehört hat. Offen konnte er jedoch seine Meinung über diesen nicht kund tun. Wenn er es tat, dann geschah dies verdeckt, wie z. B. in der Kritik der „Poésies diverses", die er in den

„Literaturbriefen" veröffentlichte. Auch wenn er den Preußenkönig nicht sehr geschätzt hat, ein ausgesprochener Gegner des Monarchen war er nicht. Als Preußen Ende 1756 die Feindseligkeiten gegenüber Österreich und Sachsen eröffnete, zeigte es sich, daß Mendelssohn ein preußischer Patriot, jedenfalls kein Feind König Friedrichs gewesen ist. Am 25. November 1757 überraschte Mendelssohn Lessing mit der Neuigkeit, „daß es schon so weit gekommen [sei], daß ich eine Predigt schreibe und einen König lobe".[22] Bei dieser Predigt, die er verfaßte und der Obberrabbiner David Fränkel am 10. Dezember 1757 in der Synagoge zu Berlin vortrug, handelte es sich um eine „Dankpredigt"[23] auf den Sieg der Preußen bei Roßbach. Das „Danklied" auf den „herrlichen" und „glorreichen" Sieg bei Leuthen,[24] das vier Wochen später unter Fränkels Namen gedruckt wurde, stammt ebenfalls von Mendelssohn. Auch die von Aron Mosessohn sechs Jahre später am 12. März 1763 anläßlich des Hubertusburger Friedens gehaltene Predigt[25] verrät Mendelssohns Handschrift. Mendelssohn selbst scheint von ihr nicht allzu viel gehalten haben. „Indessen", schrieb er Lessing im Mai 1763, „habe ich doch eine Predigt zur Welt gebracht,[26] über welche Doctor Slop wohl hätte einschlafen, und Vetter Toby sein lillabulero noch zweymal so laut pfeifen mögen."[27]

Die von Mendelssohn verfaßten „Predigten" und „Danklieder" erwecken den Eindruck, Mendelssohn sei ein preußischer Patriot gewesen. Eine solche Einschätzung vergißt, daß Mendelssohn ein Jude war, der unter denkbar schwierigen Verhältnissen in Preußen leben mußte. Er hätte seine eigene Existenz verleugnen müssen, wenn er ein preußischer Patriot hätte sein wollen. Mendelssohn hat nie ein Hehl daraus gemacht, daß er die Situation der Juden in Preußen für erbärmlich hielt. Auch seine eigene Stellung war nie ungefährdet. Der ihm vom König verliehene Schutzbrief hatte ihm zwar einige Erleichterungen gebracht, nicht aber grundsätzlich seine Lage geändert. Jederzeit konnte seine Ausweisung verfügt werden. Immer mußte er sich vorsehen, daß er nicht mit den Behörden Schwierigkeiten bekam. Ein falsches Wort, eine unüberlegte Handlung, schon konnte er über die Grenzen Preußens abgeschoben werden. Mendelssohn war diese Gefahr immer gegenwärtig. Er wußte, daß die Juden von den meisten Zeitgenossen geringschätzig als ein Volk von Bettlern, Hausierern und Wucherern angesehen wurden. Ihm war klar, daß wenn man die Juden schon nicht verachtete, ihr Aussehen und ihr Treiben als über die Maßen befremdlich empfunden wurde.[28] Es waren nur wenige, die sich mit einem Juden befreundeten. In der Regel war die Abneigung stärker, ließen die Vorurteile eine Annäherung nicht zu.

Einer der wenigen Juden, denen es im 18. Jahrhundert gelang, sich die ungeteilte Achtung und Verehrung der Vorurteilsfreien und Gebildeten zu erringen, war Moses Mendelssohn. Er wurde zum lebendigen Beweis dafür, daß man gleichzeitig Preuße, Deutscher und Jude sein konnte. Für viele seiner Glaubensbrüder wurde er deshalb zum nachstrebenswerten Vorbild. Die Berliner jüdische Gemeinde war stolz darauf, einen Mendelssohn in ihrer Mitte zu haben. Die Vorstandsmitglieder faßten in Anbetracht seiner Verdienste bereits am 10. April 1763 den ehrenvollen Beschluß, „den würdigen Herrn Moses Mendelssohn als Anerkennung und Belohnung für seine großen Verdienste . . . für immer von allen Gemeindeabgaben zu befreien". Es fällt in diesem Zusammenhang auf, daß es die Gemeinde nicht wagte, die Ehrung als Anerkennung des Philosophen auszugeben. Sie begründete die Ehrung „als Anerkennung und Belohnung für seine großen Verdienste", wobei besonders seine Verdienste „für die Anfertigung der Predigt und der Gesänge beim Friedensfeste"[29] genannt wurden. Acht Jahre später, am 1. April 1771, wurde von den Vertretern der Gemeinde festgesetzt, „daß Moses Mendelssohn ausnahmsweise zu allen Gemeindeämtern, selbst mit Übergehung aller vorschriftsmäßigen Anstufungen und üblichen Beschränkungen, wählbar und berechtigt sei, sie sofort anzutreten und zu verwalten". In dem Beschluß der Gemeinde wurde ausdrücklich festgehalten, daß „einem so ausgezeichneten Manne gegenüber Statuten keine Anwendung finden [können] und weichen müssen".[30]

Anmerkungen

1 Während seines Hamburger Aufenthaltes lernte Mendelssohn u. a. Johann Ulrich Pauli (1727–1794), Moses Wessely (1737–1792), sowie Jonathan Eibenschütz (1690–1764) kennen.
2 JubA, Bd. XI, S. 206f.
3 Ebenda, S. 236f.
4 Ebenda, S. 249.
5 Es sind 66 Briefe, die Mendelssohn an Fromet Gugenheim während der Verlobungszeit schrieb. Der erste trägt das Datum vom 15. Mai 1766, der letzte vom 25. Mai 1762. Die Briefe Fromets an Moses Mendelssohn sind leider verloren gegangen.
6 JubA, Bd. XI, S. 287.
7 Vgl. Julius H. Schoeps, Ephraim Veitel Ephraim – Ein Vorkämpfer der Judenemanzipation, in: Mendelssohn Studien. Beiträge zur neueren deutschen Kultur- und Wirtschaftsgeschichte, hrsg. von Cécile Lowenthal-Hensel, Bd. 2, Berlin 1975, S. 57 Anm. 14.
8 JubA, Bd. XI, S. 296.
9 Vgl. Selma Stern, der preußische Staat und die Juden. Dritter Teil / Die Zeit Friedrich des Großen. Erste Abteilung: Darstellung, Tübingen 1971, S. 198.
10 Abgedruckt ist das „Generalreglement" bei Ismar Freund, Die Emanzipation der Juden in Preußen, Bd. II, Berlin 1912, S. 22ff.
11 Vgl. Stern, Der preußische Staat und die Juden, S. 79ff.
12 Vgl. JL, Bd. III, S. 439.
13 JubA, Bd. XI, S. 231.
14 Für das Folgende vgl. Kayserling², S. 115ff.
15 JubA, Bd. XII/1, S. 8.
16 Vgl. Friedrich Nicolai, Anekdoten von König Friedrich II. von Preußen und von einigen Personen, die um Ihn waren. Nebst Berichtigung einiger schon gedruckter Anekdoten. Drei Hefte, Berlin und Stettin 1788–89, S. 65–68.
17 JubA, Bd. XII/2, S. 256.
18 Aus der Ehe zwischen Moses Mendelssohn und Fromet Gugenheim sind zehn Kinder hervorgegangen, wovon fünf früh starben.
19 GS, Bd. V, S. 679f.
20 Vgl. das Kapitel „Die Juden und das Judentum im Weltbild Friedrichs des Großen" bei Stern, Der preußische Staat und die Juden, S. 1–10.
21 Ebenda, S. 7.
22 JubA, Bd. XI, S. 166.

23 Danklied über den rühmlichen Sieg, welchen der Herr unserem allergnädigsten Könige und Herrn Friedrich II. am Sabbath den 5. November 1757 bei Roßbach in Sachsen verliehen, Berlin 1757.

24 Dankpredigt über großen und herrlichen Sieg welchen Se. Majestät unser allerweisester König den 5. December 1757 über die gesammte und weit überlegene Macht der Oesterreichischen Kriegsvölker bei Leuthen in Schlesien erfochten. Gehalten am Sabbath, den 10. desselben Monaths in der Synagoge der hiesigen Juden-Gemeine von David Hirsch Fränkel, Ober-Land-Rabbiner. Ins Deutsche übersetzt, Berlin 1757.

25 Aron Mosessohns Friedenspredigt in der Synagoge zu Berlin anno 5523 [d. i. 1763]. Ins Deutsche übersetzt von R[abbi] S[amson] K[alir], Berlin 1763.

26 JubA, Bd. XII/1, S. 11.

27 Anspielungen auf den Inhalt der von ihm von Lessing übersandten sieben englischen Bücher: Laurence Sterne, The Life and Opinions of Tristan Shandy, 4 Bde., New York 1759 und London 1760. Vgl. JubA, Bd. XII/1, S. 256f.

28 Typisch ist die Äußerung Goethes, der sich 1812 in Karlsbad gegenüber dem Prager Juden Simon von Lämel folgendermaßen ausdrückte: „Der Eindruck, den ich in früher Jugend in meiner Vaterstadt empfing, war mir ein mehr erschreckender. Die Gestalten der engen und finsteren Judenstadt waren mir gar sehr befremdliche und unverständliche Erscheinungen, die meine Phantasie beschäftigten, und ich konnte gar nicht begreifen, wie dieses Volk das merkwürdigste Buch der Welt aus sich heraus geschrieben hat. Was sich allerdings in meiner frühern Jugend als Abscheu gegen die Juden in mir regte, war mehr Scheu vor dem Rätselhaften, vor dem Unschönen. Meine Verachtung . . . war mehr der Reflex der mich ungebenden christlichen Männer und Frauen. Erst später, als ich viele geistbegabte, feinfühlige Männer dieses Stammes kennen lernte, gesellte sich Achtung zu meiner Bewunderung, die ich für das bibelschaffende Volk hege . . ." (Heinrich Teweles, Goethe und die Juden [1925], S. 90).

29 Vgl. Kayserling², S. 134f.

30 Vgl. Ebenda, S. 135.

VI. Der Sokrates der Aufklärung

> ... der Mensch, der Hoffnung zur Unsterblichkeit beraubt, ist das elendeste Thier auf Erden, das zu seinem Unglücke über seinen Zustand nachdenken, den Tod fürchten, und verzweifeln muß.
>
> Aus: Phädon oder über die Unsterblichkeit der Seele

Es war die Schrift „Phädon oder über die Unsterblichkeit der Seele in drey Gesprächen", die Mendelssohn zu einer europäischen Berühmtheit machte. Keine seiner Abhandlungen hat Mendelssohn so lange und intensiv beschäftigt, wie diese 1767 erschienene Arbeit. Auf den Gedanken, die Platonischen Dialoge neu zu bearbeiten, war Mendelssohn schon früh gekommen. In einem Brief an Lessing vom 19. Dezember 1760 heißt es: „Mein Phädon liegt mir immer noch in den Gedanken. So bald die Briefe (sc. die Literaturbriefe) aufhören, mir zur Last zu liegen; so werde ich fürs erste die zweyte Ausgabe meiner kleinen Schriften besorgen, und sodann zur Ausarbeitung dieser Abhandlung schreiten."[1] Für Mendelssohn stand von Anfang an fest, daß er den Platonischen Phädon nicht übersetzen, sondern umarbeiten wollte, und zwar so, daß die „Fortschritte" der Philosophie berücksichtigt werden sollten. Isaak Iselin, dem Basler Ratsschreiber, teilte Mendelssohn am 5. Juli 1763 mit, daß er „von Plato eigentlich nichts als die Anlage ... borgen" wolle, „welche in der That vortreflich ist".[2]

Als Mendelssohn anfing, das Phädon-Projekt mit Lessing zu erörtern, hatte er sich schon mit einigen Problemen vertraut gemacht, die das Vorhaben mit sich bringen würde. In den „Literaturbriefen" hatte er im Sommer 1760 Johann Georg Hamanns anonym veröffentlichte „Socratische Denkwürdigkeiten", Jacob Wegelins „Letzte Gespräche des Socrates und seiner Freunde", sowie Denis Diderots Plan zu einem „Trauerspiel über den Tod des Sokrates" besprochen. Im Zusammenhang dieser Besprechungen, in denen sich die Einleitung zum „Phädon" („Leben und

Charakter des Sokrates") ankündigt, hatte Mendelssohn mehrere Stellen aus den Platonischen Dialogen übersetzt, u. a. drei kürzere Stellen aus dem Phaidon und eine längere aus dem Kriton. Später hat Mendelssohn die Übersetzung der Kriton-Stelle mit einigen nur geringfügigen Änderungen in die biographische Einleitung zum „Phädon" aufgenommen.

Den ersten Teil des „Phädon" schrieb Mendelssohn von Juli 1762 bis Juni 1763 nieder. In dem Brief an Iselin vom 5. Juli 1763 heißt es: „Die erste Hälfte dieses Plans ist fertig, in welchem die Beweise für die Unverweslichkeit der Seele vorgetragen werden. Die für die Unsterblichkeit sollen in einer zweiten Abtheilung folgen."[3] Am 16. November desselben Jahres schickte Mendelssohn den ersten Teil des „Phädon"-Manuskriptes an Iselin mit der Bitte um Stellungnahme: „Ihr Ausspruch wird entscheiden, ob die Arbeit fortgesetzt zu werden verdient und ich habe das Zutrauen zu Ihrer Freundschaft, daß Sie freymüthig mit mir umgehen werden."[4] Ob Iselin auf diesen Brief geantwortet hat, ist nicht bekannt. Im Briefwechsel mit Johann Georg Zimmermann äußerte sich Iselin jedenfalls positiv über Mendelssohns „Phädon", besonders lobte er dessen Stil.[5]

Fertiggestellt hat Mendelssohn den „Phädon" im Sommer 1766. In der Zeit zwischen 1763 und 1766 hat Mendelssohn anscheinend am „Phädon" überhaupt nicht gearbeitet. In der Vorrede zu seiner Schrift berichtet er, daß er „die vor einigen Jahren angefangene Arbeit" eine Zeitlang „weggelegt" habe. Daß er die Arbeit wiederaufnahm, ist vermutlich der Anregung zu verdanken, die von seinem Freund Thomas Abbt ausging. Am 22. Juli 1766 schrieb Mendelssohn an Abbt: „Ihre Fragen haben mich aufgemuntert, eine Abhandlung über die Unsterblichkeit der Seele, die ich vor vielen Jahren einmal angefangen, völlig auszuarbeiten. Meine Gründe lege ich dem Socrates in den Mund . . . Dieses sind die Eyer, welche ich diesen Sommer auszubrüten angefangen, und daher nicht verlassen darf."[6] Die Fragen Abbts waren Zweifel an der Antwort, die der Berliner Theologe Johann Joachim Spalding (1714–1804) in einer Schrift auf die Frage nach der Bestimmung des Menschen gegeben hatte. Vermutlich war es die Debatte um dieses Problem, die Mendelssohn erkennen ließ, daß es die Aufgabe seines „Phädon" nur sein könne, die rationale Unsterblichkeitslehre wider die Gefahren zu verteidigen, die ihr von der im Glauben begründeten Skepsis, vor allem aber von dem damals vom Westen her kräftig vordringenden Unglauben drohten.

Erlebt hat Abbt das Erscheinen des „Phädon" nicht mehr. Mendelssohn war sich bewußt, was er dem überraschend jung verstorbenen Philosophen zu verdanken hatte. In der Vorrede zum „Phädon", der Abbt gewidmet war, setzte Mendelssohn dem Freund ein Denkmal: „Allein es hat der Vorsehung gefallen, dieses aufblühende Genie vor der Zeit der Erde zu entziehen. Kurz und rühmlich war die Laufbahn, die er hienieden vollendet hat. Sein Werk „Vom Verdienste" wird den Deutschen ein unvergeßliches Denkmaal seiner eigenen Verdienste bleiben: mit seinen Jahren verglichen, verdienet dieses Werk die Bewunderung der Nachkommenschaft. Was für Früchte konnte man nicht von einem Baume hoffen, dessen Blüthe so vortrefflich war? Er hatte noch andere Werke unter der Feder, die an Vollkommenheit, wie er an Erfahrungen und Kräften des Geistes, zugenommen haben würden. Alle diese schönen Hoffnungen sind dahin! Deutschland verliert an ihm einen liebreichen Weisen, dessen Gefühl so edel, als sein Verstand aufgeheitert war; seine Freunde den zärtlichsten Freund, und ich einen Gefährten auf dem Wege zur Wahrheit, der mich vor Fehltritten warnete."[7]

Der außerordentliche Erfolg des „Phädon" beim Publikum hatte verschiedene Gründe. Besonders anerkannt wurde, daß Mendelssohn sich um Verständlichkeit bei der Erörterung des Problems der Unsterblichkeit bemüht hatte. Bewundert wurden die Form und der Stil, die Mischung zwischen Prosa und Dichtung. Auf die Idee, Platons „Phädon" umzudichten, war noch niemand gekommen. Die Dialogform, der für die zeitgenössische Debatte ungewöhnliche Versuch, am Beispiel des Gesprächs zwischen Sokrates und seinen Schülern, den Beweis für die Unsterblichkeit der Seele herauszuarbeiten, war neu, in jedem Falle überraschend. Warum Mendelssohn auf das historische Vorbild zurückgriff, begründete er in der Vorrede zum „Phädon": „Nach dem Beyspiel des Plato habe ich den Sokrates in seinen letzten Stunden die Gründe für die Unsterblichkeit der menschlichen

Seele seinen Schülern vortragen lassen. Das Gespräch des griechischen Schriftstellers, das den Namen Phädon führet, hat eine Menge ungemeiner Schönheiten, die, zum Besten der Lehre von der Unsterblichkeit, genutzt zu werden verdieneten. Ich habe mir die Einkleidung, Anordnung, und Beredsamkeit desselben zu Nutze gemacht, und nur die metaphysischen Beweisthümer nach dem Geschmacke unserer Zeiten einzurichten gesucht."[8] Und einige Zeilen weiter heißt es: „Auf solche Weise ist folgendes Mittelding zwischen einer Uebersetzung und eigenen Ausarbeitung entstanden. Ob ich auch etwas Neues habe, oder nur das so oft gesagte anders vorbringe, mögen andere entscheiden. Es ist schwer, in einer Materie, über welche so viele große Köpfe nachgedacht haben, durchgehends neu zu seyn, und es ist lächerlich, es affektiren zu wollen."[9]

Mendelssohn hielt es für zweckmäßig, eine Lebensbeschreibung und Charakteristik des Sokrates seinem „Phädon" voranzustellen. Die Art und Weise, wie er sich dieser Aufgabe annahm, läßt erkennen, daß er sich mit der Person des Sokrates identifizierte – wenn anscheinend auch mehr mit dem Bild, das John Gilbert Cooper („The Life of Socrates, London 1749") von diesem gezeichnet hatte. Mendelssohn hatte Coopers Lebensbeschreibung des Sokrates zum „Leitfaden" für seine eigenen Ausführungen genommen. Seine Bewunderung für Sokrates, die Anspielungen auf die eigene Person, sind nicht zu übersehen, wenn es über den „Charakter des Sokrates" heißt: „. . . Schwierigkeiten und Hindernisse standen dem Sokrates im Wege, als er den grossen Entschluß faßte, Tugend und Weisheit unter seinen Nebenmenschen zu verbreiten. Er hatte, von der einen Seite, seine eignen Vorurtheile der Erziehung zu besiegen, die Unwissenheit andrer zu beleuchten, Sophisterey zu bestreiten, Bosheit, Neid, Verleumdung und Beschimpfung von Seiten seiner Gegner auszuhalten, Armuth zu ertragen, festgesetzte Macht zu bekämpfen, und, was das schwerste war, die finstern Schrecknisse des Aberglaubens zu vereiteln. Von der andern Seite waren die schwachen Gemüther seiner Mitbürger zu schonen, Aergernisse zu vermeiden, und der gute Einfluß, den selbst die albernste Religion auf die Sitten der Einfältigen hat, nicht zu verscherzen. Alle diese Schwierigkeiten überstand er mit der Weisheit eines wahren Philosophen, mit der Geduld eines Heiligen, mit der uneigennützigen Tugend eines Menschenfreundes, mit der Entschlossenheit eines Helden, auf Unkosten und mit Verlust aller weltlichen Güter und Vergnügungen. Gesundheit, Macht, Bequemlichkeit, Leumund, Ruhe und zuletzt das Leben selbst, gab er auf die liebreichste Weise für das Wohl seiner Nebenmenschen hin."[10]

Es fällt auf, daß Mendelssohn in Sokrates nur den moralischen Aspekt, nicht jedoch die historischen Lebensumstände des griechischen Philosophen zu würdigen vermochte. Seine Schilderung der gesellschaftlichen Verhältnisse im Athen des Sokrates bleibt seltsam blaß, läßt erkennen, daß bei Mendelssohn ein Mangel an historischen Kenntnissen vorhanden gewesen ist. Er selbst hat dies durchaus gewußt, wie ganz eindeutig aus einem Brief vom 16. Februar 1765 an seinen Freund Abbt hervorgeht: „Was weiß ich von der Geschichte? Was nur den Namen von Geschichte hat, Naturgeschichte, Erdgeschichte, Staatsgeschichte, gelehrte Geschichte, hat mir niemals in den Kopf kommen wollen; und ich gähne allezeit, wenn ich etwas historisches lesen muß, es müßte mich denn die Schreibart aufmuntern. Ich glaube, die Geschichte ist eines der Studien, welche nicht ohne Unterricht erlernt werden können."[11] Unterhielt sich Lessing mit Nicolai oder mit anderen zuweilen in seiner Gegenwart über historische Gegenstände und Probleme, dann soll Mendelssohn häufig gelacht und geäußert haben, das Ganze sei „unnützer Kram". Den Grund dafür, daß er das Studium der Geschichte vernachlässigte, gab Mendelssohn am Ende des letzten Briefes, den er Abbt am 28. August 1766 schrieb: „Ich habe bisher die Geschichte mehr für die Wissenschaft des Bürgers (Citoyen) als des Menschen gehalten, und geglaubt, ein Mensch, der kein Vaterland hat, könne sich von der Geschichte keinen Nutzen versprechen."[12]

Der „Phädon" ist geschrieben als Zeugnis der bloß vernünftigen, nicht durch Offenbarung geleiteten Religion.[13] „Meine Gründe lege ich dem Socrates in den Mund", schrieb Mendelssohn an Abbt am 22. Juli 1766. „Ich muß einen Heyden haben, um mich auf die Offenbarung nicht einlassen zu dürfen."[14] Mendelssohn versucht im „Phädon" nachzuweisen, daß die Unsterblichkeit der Seele, wie alle anderen Lehren der natürlichen Religion, *vor* allen Beweisen feststeht. Die vernünftige Religion, und also auch gerade die Unsterblichkeitslehre, ist für Mendelssohn nicht ein Erzeugnis der zur Wissenschaft ausgebildeten Vernunft, sondern sie ist „dem unverdorbenen, nicht mißgeleiteten Menschenverstande eben so hell einleuchtend, eben so unumstößlich gewiß, als irgend ein Satz in der Geometrie"; sie bedarf umständlicher Beweise erst darum, weil „Aberglaube, Pfaffenlist, Geist des Widerspruchs und Sophisterey uns durch vielerley Spitzfindigkeiten und Zauberkünste den Gesichtskreis verdrehet, und den gesunden Menschenverstand in Verwirrung gebracht haben".[15]

Entsprechend dem Platonischen Vorbild läßt Mendelssohn die Schüler des zum Giftbecher verurteilten Sokrates im ersten Gespräch die Frage über die Zulässigkeit oder Unzulässigkeit des Selbstmordes erörtern – eine Frage, die zu dieser Zeit viele Köpfe beschäftigte. In den „Briefen über die Empfindungen", als auch im Schreiben an Resewitz vom 1. Mai 1756 hatte Mendelssohn seine Ansichten über diese „knotige Materie" bereits dargelegt und erörtert, warum er den Selbstmord für unsittlich halte. Im Gespräch mit den Schülern erklärt Sokrates: „Ich glaube als ausgemacht voraussetzen zu können, die Götter (laßt mich jetzt sagen Gott, denn wen habe ich zu scheuen?) Gott ist unser Eigenthumsherr, wir sind sein Eigenthum, und seine Vorsehung besorgt unser Bestes."[16] Und Sokrates führt dann aus, warum der Selbstmord nicht in Frage kommen, warum er ein Gegner desselben sein muß: „Als treugesinnte Leibeigne also, muß es uns eine heilige Pflicht seyn, die Absichten unsers Eigenthumsherrn zu ihrer Reife gedeihen zu lassen, sie nicht gewaltsamer Weise in ihrem Laufe zu hemmen; sondern vielmehr alle unsere freywilligen Handlungen mit denselben auf das vollkommenste übereinstimmen zu lassen."[17]

Das Gespräch mit den Schülern und Freunden, die Sokrates in seiner letzten Stunde beistehen wollen, weitet sich aus zu der Frage, ob nach dem Tod eine Trennung der Seele vom Leib eintritt, oder ob nicht der Tod eigentlich nur die Befreiung der Seele von der Gesellschaft des Leibes ist. Mendelssohn definiert in diesem Zusammenhang den Tod mit den Worten des Sokrates als eine natürliche Veränderung des menschlichen Zustandes. Jede natürliche Veränderung, meint Mendelssohn, erfordert dreierlei: Einen Zustand der Veränderung, der aufhören, einen anderen, der an seine Stelle treten soll, und einen Übergang, der zwischen beiden liegt, damit die Veränderung nicht plötzlich, sondern allmählich geschehe. Wie die Zeit verrinnt, so würde sich auch alles Veränderliche verwandeln. Es gibt daher ebenso wenig zwei Zustände, zwischen denen nicht noch ein dritter anzutreffen ist, wie es zwei Augenblicke gibt, die sich einander die nächsten sind. „Die Folge der Zeit", gibt Sokrates den Freunden und Schülern zu verstehen, „gehet in einem fort, und es giebt keine zween Augenblicke, die sich einander die nächsten sind".[18]

Tod und Leben, läßt Mendelssohn Sokrates ausführen, sind in der Natur nicht so getrennt, wie es den Anschein hat. Beide sind „Glieder einer stetigen Reihe von Veränderungen, die durch stufenweise Übergänge mit einander auf das genaueste verbunden sind".[19] In der Natur sind alle diese Veränderungen „Glieder einer ununterbrochenen Kette, allmählige Auswicklungen und Einwicklungen desselben Dinges, das sich in unzählige Gestalten einhüllet und entkleidet".[20] Das gilt auch für die Seele, die nicht plötzlich verschwindet, sondern steten Verwandlungen unterworfen ist. Zwischen Sein und Nichtsein ist eine Kluft, die von der allmählich wirkenden Natur der Dinge nicht übersprungen werden kann. Auch allmählich kann das Dasein der Seele nicht aufhören, da dieses wieder eine ewige Vernichtung voraussetzen würde. Untergehen kann die Seele auch in Ewigkeit nicht, „denn der letzte Schritt, man mag ihn noch so weit hinausschieben, wäre immer noch vom Daseyn zum Nichts, ein Sprung, der weder in dem Wesen eines einzelnen Dinges, noch in dem ganzen Zusammenhange gegründet seyn kann".[21] Die Seele wird als fortdauern, ewig vorhanden sein; sie wird nach ihrer wahren Glückseligkeit, nach Weisheit, Tugend, Schönheit, Harmonie und Vollkommenheit streben. „Wer also auf Erden für seine Seele Sorge getragen hat", erklärt Sokrates gegenüber seinen Schülern und Freunden, „wer sie sich in Weisheit, Tugend und Empfindung der wahren Schönheit hat üben lassen, der hat die größten Hoffnungen, auch nach dem Tode in diesen Uebungen fortzufahren, und von Stufe zu Stufe sich dem erhabensten Urwesen zu nähern, welches die Quelle aller Weisheit, der Inbegriff aller Vollkommenheiten, und vorzugsweise die Schönheit selbst ist."[22]

In einer Besprechung in der „Neuen Bibliothek der schönen Wissenschaften und der freyen Künste" schrieb der Philosoph Christan Garve (1742–1798) über den „Phädon", den er in Teilen ein „Meisterstück" nannte: „Das zweyte Gespräch ist, nach unserm Bedenken, das schönste wegen der Bündigkeit der Gründe, ihrer Deutlichkeit und ihrer Anordnung, und wegen des glücklichen Gebrauchs einiger von Plato blos hingeworfner Gedanken."[23] Was Garve lobte, war der Versuch Mendelssohns, den Beweis für die Harmonie und Immaterialität, für die Einfachheit und für die Unkörperlichkeit der Seele zu erbringen. Sein Argument lautete: Wie sehr auch Ordnung und Entwicklung der einzelnen Bestandteile eines Dinges durch ihren Zusammenhang verändert werden mögen, so muß doch immer eine Kraft im Ganzen bestehen, „deren Ursprung nicht in den Grundtheilen zu suchen ist". Es ist dies das Denkvermögen, daß außer bei dem denkenden Wesen nirgends in der Natur anzutreffen ist. Da also ein jedes Ganze, fährt Mendelssohn fort, das aus Teilen besteht, ein Zusammennehmen und Vergleichen voraussetzt, diese Tätigkeit aber durch das Vorstellungsvermögen bewältigt werden muß, so kann der Ursprung dieses Vermögens selbst nicht in ein Ganzes gesetzt werden, das aus solchen verschiedenen Teilen besteht. Es gibt also in unserem Körper, so schließt die Beweisführung, „eine einzige Substanz, die nicht ausgedehnt, nicht zusammengesetzt, sondern einfach ist, eine Vorstellungskraft hat, und alle unsere Begriffe, Begierden und Neigungen in sich vereiniget".[24]

Dem in den beiden ersten Gesprächen geführten Beweis für die Unvergänglichkeit folgt im dritten Gespräch, in dem Mendelssohn von der Platonischen Vorlage ganz abweicht, der Beweis für die Unsterblichkeit. Wäre die Seele sterblich, formuliert Mendelssohn, wo wäre „das gegenwärtige Dasein das höchste Gut". Gewährt der Tod dem Menschen das, was das Leben nicht gewähren kann, so ist es die Bestimmung des Menschen zu sterben. Das Leben wäre das höchste Gut, an dem sich alles andere messen lassen müßte. „So bald wir aber mit dem Leben auch unser Daseyn verlieren", heißt es in den Worten des Mendelssohnschen Sokrates, „so hört es auf ein bloßes Mittel zu seyn, es wird der Endzweck, das letzte Ziel unserer Wünsche, das höchste Gut, wonach wir streben können, das um sein selbst willen gesucht, geliebt und verlangt wird . . ."[25] Vorausgesetzt jedoch, daß alle Menschen eine ähnliche Bestimmung haben, alle Menschen dem Plan der Schöpfung unterworfen sind, dann muß der Schluß gezogen werden, daß denkende und wollende Wesen, auf unbegrenzte Vervollkommnung, auf die Annäherung an die Vollkommenheit Gottes ausgerichtet sind. Das Schicksal wäre grausam, Gott selbst lieblos und ungerecht, wenn der Trieb nach Vervollkommnung nur eine Fiktion, ein Spiel der Phantasie wäre. „Wenn kein zukünftiges Leben zu hoffen ist, so ist die Vorsehung gegen den Verfolger so wenig zu rechtfertigen, als gegen den Verfolgten."[26]

Der Mendelssohnsche „Phädon" entwickelte sich bald zu einem der Standardwerke der deutschen und der europäischen Aufklärung. So besonnen, so gründlich und so klar waren die Unsterblichkeitsbeweise von einem Schriftsteller des 18. Jahrhunderts noch nicht vorgetragen worden. Die erste Auflage war bereits nach vier Monaten vergriffen, die zweite und die dritte Auflage folgten im Abstand von je einem Jahr. Eine holländische Übersetzung erschien 1769. Es folgten zwei französische, eine von Abel Burja (1772) und eine andere von George Adam Junker (1772/73). 1773 übersetzte Carlo Ferdinandi den „Phädon" ins Italienische. Eine dänische und eine russische Übersetzung erschienen 1779.

Überall wurde der „Phädon" als epochemachendes Werk gefeiert. „Sokrates", erklärte der junge Herder, „führte die Weltweisheit unter die Menschen, Moses ist der philosophische Schriftsteller unserer Nation, der sie mit der Schönheit des Stils vermählt."[27] Von überall erhielt Mendelssohn Zuschriften, in denen das Buch gerühmt und der Verfasser um weitere Erläuterungen gebeten wurde. „Ich habe mich", erklärte Mendelssohn im Anhang zur zweiten Auflage, „über keinen unbilligen Tadel zu beschweren, vielleicht eher über ein unbilliges Lob, davon mich die Selbsterkenntnis versichert, daß es übertrieben ist. Unmäßiges Lob pflegt mehr die Absicht zu haben andere zu demüthigen, als den Gegenstand desselben anzuspornen. Ich habe mir niemals in den Sinn kommen lassen, Epoche in der Weltweisheit zu machen, oder durch ein eignes System berühmt zu werden."[28]

Am ausführlichsten hat sich Johann Gottfried Herder mit dem „Phädon" auseinandergesetzt. „Kein Mensch in der Welt", schrieb er am 10. Januar 1769 an Nicolai, „kann Moses Phädon mit näherm Anhalten mit Herz und Seele gelesen haben als ich . . ."[29] Er habe vor, seine „Zweifel in ein viertes Sokratisches Gespräch" einzukleiden, auf das Mendelssohn als Sokrates antworten könne. Aus dem Plan wurde jedoch nichts. Herder beschränkte sich darauf, Mendelssohn seine Einwände brieflich vorzutragen. In einem im April 1769 geschriebenen Brief stimmte Herder mit dem Verfasser des „Phädon" überein, daß die Seele „eine einfache unzerstörbare Substanz" sei. Unmöglich könne er jedoch der Annahme zustimmen, daß die Seele nach dem Tode körperlos fortdauere. Der Mensch, wandte Herder ein, ist ein „vermischtes Wesen", bestehend aus Seele und Leib. Der Mensch würde aufhören, Mensch zu sein, wenn er als nur-geistiges Wesen weiterlebte. Jede Ausbildung einer Kraft wird notwendig um den Preis der Rückbildung einer anderen Kraft erkauft; daher kann diese Ausbildung nicht schlechthin als Fortschritt angesehen werden; daher gibt es „bey keinem Geschöpf und Menschen ein *Auf*steigen", sondern eine „Art von *Kreislauf*". „Ich sehe", schrieb Herder, „bei keinem Geschöpfe ein Aufsteigen, ich sehe ein Wechseln . . ." Da alle Stufen von gleicher Vollkommenheit sind, weist *dieses* Leben nicht über sich hinaus. Die „Ausbildung und Entwicklung *auf dieses Leben, sie* ist Zweck, *sie* ist Bestimmung". Nicht die Unsterblichkeit als Fortdauer des seiner selbst bewußten Individuums ist daher „das Ziel der muthmaßlichen Vernunft, und vielleicht auch der menschlichen *Wünsche*", sondern „eine unzerstörbare Dauer und höchstens eine menschliche Palingenesie".[30]

Mendelssohn antwortete am 2. Mai 1769 in einem langen Brief,[31] in dem er ausführlich auf die Einwände Herders eingeht. Auch er ist völlig davon überzeugt, daß kein Geist ganz ohne Körper sein könne. Eine „von aller Sinnlichkeit befreyte Seele" hält er für eine „bloße Chimäre". Im „Phädon" habe er die Sache unentschieden lassen wollen, „um die sehr verwickelte Frage von der Unsterblichkeit nicht durch zu viele Nebenknoten zu verwirren". Er begreife nur nicht, wie Herder der Satz habe befremden können, daß die Ausbildung der Seelenfähigkeit des Menschen Bestimmung auf Erden sei. Zum Schluß bittet Mendelssohn, den „entscheidenden Ton" – dieser sei schließlich „das Salz des metaphysischen Disputs" – zu entschuldigen.

Die Kritik, die der „Phädon" hinsichtlich der Beweise, der Methode und der Schreibart erfuhr, bewegte Mendelssohn in der zweiten und dritten Auflage eine Reihe von Änderungen und Hinzufügungen vorzunehmen. Von besonderem Interesse ist der Anhang („Einige Entwürfe betreffend, die dem Verfasser gemacht worden sind"), den Mendelssohn der dritten Auflage des „Phädon" anfügte. Mendelssohn unternahm hier die Zurückweisung der Einwände, die von Riedel in Klotzens „Deutscher Bibliothek", von Garve in der „Neuen Bibliothek der schönen Wissenschaften und der freyen Künste" und von Resewitz in der „Allgemeinen Deutschen Bibliothek" gemacht worden waren. „Verschiedene Freunde der Wahrheit", heißt es da, „haben die Gewogenheit gehabt, mir ihre Erinnerungen und Anmerkungen . . ., theils in Privatbriefen und theils in öffentlichen Blättern, zu Gesichte kommen zu lassen. Nicht wenige derselben habe ich . . . mit Nutzen gebraucht. Ich habe hier und da verändert, an einigen Stellen mich deutlicher erklärt, und andere durch Noten erläutert. Dieses ist der einzige Dank, den diese würdigen Männer von mir erwarten. Aber alles habe ich nicht aus dem Wege räumen können, was meinen Richtern anstössig geschienen. Zum Theil haben mich ihre Gründe nicht überzeugt, und zum Theil giengen ihre Anforderungen über meine Kräfte."[32]

Anmerkungen

1 JubA, Bd. XI, S. 190.
2 JubA, Bd. XII/1, S. 15.
3 Ebenda.

4 Ebenda, S. 22.
5 Vgl. Altmann, Moses Mendelssohn, S. 146.
6 JubA, Bd. XII/1, S. 118.
7 JubA, Bd. III/1, S. 7f.
8 Ebenda, S. 8.
9 Ebenda, S. 9.
10 Ebenda, S. 15f.
11 JubA, Bd. XII/1, S. 75.
12 Ebenda, S. 120.
13 Vgl. die Einleitung von Leo Strauss (JubA, Bd. III/1, S. XVIII.
14 JubA, Bd. XII/1, S. 118.
15 An die Freunde Lessings, Berlin 1786 (vgl. JubA, Bd. III/2, S. 197f.).
16 JubA, Bd. III/1, S. 46.
17 Ebenda, S. 47.
18 Ebenda, S. 66.
19 Ebenda, S. 68.
20 Ebenda, S. 69.
21 Ebenda, S. 73.
22 Ebenda, S. 76.
23 Neue Bibliothek der schönen Wissenschaften und der freyen Künste, 6/2 (1768), S. 325.
24 JubA, Bd. III/1, S. 97.
25 Ebenda, S. 117.
26 Ebenda, S. 121f.
27 Johann Gottfried Herder, Fragmente über die neuere deutsche Literatur (1767), Theil 1, S. 154.
28 JubA, Bd. III/1, S. 131.
29 Herders Briefwechsel mit Nicolai, hrsg. von Otto Hoffmann, Berlin 1887, S. 35.
30 JubA, Bd. XII/1, S. 174–181.
31 Ebenda, S. 182–287.
32 JubA, Bd. III/1, S. 141.

VII. Die Kontroverse mit Lavater

Da die Menschen alle von ihrem Schöpfer zur ewigen Glückseligkeit bestimmt sind, so kann eine ausschließende Religion nicht die wahre sein. Diesen Satz getraue ich mir als Kriterium der Wahrheit in Religionssachen anzugeben.

Mendelssohn an den Erbprinzen von Braunschweig im Januar 1770

In welcher glückseligen Welt würden wir leben, wenn alle Menschen die Wahrheiten annähmen und ausübten, die *die besten Christen* und *die besten Juden* gemeinsam haben!

Mendelssohn an Bonnet 9. Februar 1770

Verfolgt man den jüdisch-christlichen Glaubensgegensatz durch die Jahrhunderte, so kann man in der Geschichte dieser Dispute und Streitschriften die entscheidende Zäsur an das Ende des 18. Jahrhunderts setzen. Es war dies der Zeitpunkt, als auch die ersten Juden vom Geist der Moderne ergriffen wurden und mit der Öffnung der Ghettotore ein letzter Block stehengebliebenen Mittelalters aus dem neuzeitlichen Europa verschwand. In wenigen Jahrzehnten – im Lebensalter einer Generation – holten die Juden eine Entwicklung von drei Jahrhunderten nach, die das christliche Abendland gebraucht hatte, um von einer theonom gebundenen Sakralkultur zur Emanzipation des Menschen und zum Glauben an ihn als schöpferisches Wirklichkeitszentrum zu gelangen. In der Person Moses Mendelssohn trat – abgesehen von dem Sonderfall Baruch Spinozas – der erste geistig emanzipierte Jude auf dem Boden der späten Aufklärung. Daß Mendelssohn auf diesem Parkett auch gleich von einem enragierten Kirchenchristen zur Rede gestellt wurde, war mehr als nur ein Zufall, war in der Sache fast zwangsläufig. Der Streitfall Mendelssohn Johann Caspar Lavater (1741–1801), dessen innere Motive, wir heute ziemlich genau kennen,[1] ist als Novum in der Geschichte der jüdisch-christlichen Auseinandersetzungen von exemplarischer

Bedeutung, denn es ist zum ersten Male mit dem Pathos des guten und noch ungetäuschten Glaubens von „Toleranz", von „Verstehen" und von „gegenseitiger Anerkenntnis" die Rede.

Kennengelernt hatte Lavater Mendelssohn im Frühjahr 1763. In den Gesprächen, die sie miteinander führten, spielten nicht ästhetische und allgemein-metaphysische, sondern theologische Probleme eine Rolle. Mendelssohns Judentum, seine Stellung zum Christentum, das waren die Themen, die den Schweizer Diakon interessierten. Gewisse Äußerungen, die Mendelssohn machte, empfand Lavater als Zugeständnisse an das Christentum. Verschiedene Hinweise deuten darauf hin, daß der zweiundzwanzigjährige Lavater von Mendelssohn äußerst beeindruckt war. Vom ersten Treffen mit Mendelssohn berichtete er am 18. April 1763 dem Züricher Kanonikus Breitinger: „Den Juden Moses, den Verfasser der philosophischen Gespräche und Briefe über die Empfindungen, fanden wir in einem Comptoir mit Seide beschäftigt ... Ein Mann von scharfen Einsichten, feinem Geschmack und ausgebreiteter Wissenschaft. Vertraulich und offenherzig im Umgange; bescheidener in seinen Reden als in seinen Schriften und beim Lobe unverändert, ungezwungen in seinen Gebärden, entfernt von ruhmbegierigen Kunstgriffen niederträchtiger Seelen, freigiebig und dienstfertig. Ein Bruder seiner Brüder, der Juden, gefällig und ehrehrbietig gegen sie, auch von ihnen geliebt und geehrt. Und wie wenig entsprechen seine äußeren Umstände seinen Talenten ..."[2]

Für den jungen Lavater muß Mendelssohn ein großes Rätsel gewesen sein. Ein Jude, der sich nicht scheute, Äußerungen zu tun, die als Zugeständnisse an das Christentum angesehen werden konnten. Ein Jude, der an den Bräuchen der Väter festhielt, gleichzeitig aber sein Judentum mit seinem Philosophieren in Einklang zu bringen suchte. Ein Jude, der in seinem Denken und Sein die Synthese zwischen Aufklärung und Judentum vollzogen hatte. All dies lag jenseits der Gedanken und Gefühlswelt Lavaters, der als tief im Religiösen verwurzelter christlicher Theologe der Überzeugung war, nur der Christ sei der wahre, ganze Mensch, der vollkommene Gottes-Mensch. Lavater identifizierte Christentum mit Humanität, mit Wahrheit. Von der Aufklärung, von der mit ihr verbundenen Tendenz der Nivellierung der Unterschiede zwischen Christentum und Judentum, dem Suchen nach einer kosmopolitisch-universellen Religion, war Lavater weit entfernt. Für ihn war der „Jude" Mendelssohn ein existentielles Problem, das nur durch dessen Übertritt zum Christentum gelöst werden konnte. Die uneingeschränkte Anerkennung des Christentums als der einzig wahren, ewigen und absoluten Religion erschien ihm als ein ethisch-religiöses Postulat, von dem er keine Abstriche machen konnte, auch nicht machen wollte. Seit seinem Besuch bei dem Berliner „Weltweisen" wünschte Lavater nichts sehnlicher, als Mendelssohn für das Christentum zu gewinnen. Ein Jude, dachte er, der Locke, Leibniz und Wolff studiert, der deutsche Werke verfaßt, mit christlichen Gelehrten umgeht, der gegenüber dem Christentum nicht intransigent und intolerant ist, einen solchen Juden zum Christentum zu „bekehren" hielt Lavater nicht nur für seine Aufgabe, sondern sogar für seine Pflicht.

Sechs Jahre nach der ersten Begegnung gab das Erscheinen von Charles Bonnets „Palingénésie philosophique"[3] Lavater die Möglichkeit, Mendelssohn herauszufordern. Von Bonnets Schrift, eine Verteidigung der offenbarten Religion, übersetzte Lavater einen Teil ins Deutsche,[4] versah diesen mit einer „Zuschrift", und widmete sie Mendelssohn. In der „Zuschrift", der Widmungsvorrede, die den Charakter eines Offenen Briefes hat und das Datum vom 25. August 1769 trägt, heißt es: „Ich weiß die Hochachtung, die mir ihre fürtreflichen Schriften und Ihr noch fürtreflichere Charakter, *einen Israeliten, in welchem kein Falsch ist,* gegen Sie eingeflößt haben, nicht besser auszudrücken und das Vergnügen, das ich vor einigen Jahren in Ihrem liebenswürdigen Umgange genossen, nicht besser zu vergelten, als wenn ich Ihnen die beßte *philosophische* Untersuchung der Beweis für das *Christentum,* die mir bekannt ist, zueigne." Und weiter heißt es dann: „Ich kenne Ihre tiefen Einsichten, Ihre standhafte Wahrheitsliebe, Ihre unbestechliche Unpartheylichkeit, Ihre zärtliche Achtung für die Philosophie überhaupt und die *Bonnetischen* Schriften besonders: Und unvergeßlich ist mir jene sanfte Bescheidenheit, mit welcher Sie, bey aller Ihrer Entferntheit von dem Christenthum, dasselbe beurtheilen, und die *philosophische* Achtung, die Sie in einer der glücklichsten Stunden meines Lebens über den *moralischen* Charakter seines Stifters bezeugt haben; so unvergeßlich und dabey so wichtig, daß ich es wagen darf, Sie zu bitten, Sie vor dem Gotte der Wahrheit, Ihrem und meinem Schöpfer und Vater zu bitten und zu beschwören: Nicht, diese Schrift mit philosophischer Unpartheylichkeit zu lesen; denn das werden Sie gewiß, ohne mein Bitten, sonst thun: Sondern dieselbe *öffentlich zu widerlegen*, wofern Sie die *wesentlichen* Argumentationen, womit die Thatsachen des Christentums unterstützt sind, nicht richtig finden: Dafern Sie aber dieselben richtig finden, zu thun, was Klugheit, Wahrheitsliebe, Redlichkeit Sie thun heißen; – was *Socrates* gethan hätte, wenn er diese Schrift gelesen und unwiderleglich gefunden hätte."[5]

Die Aufforderung Lavaters, Bonnets Beweise für das Christentum zu widerlegen oder die Konsequenz zu ziehen, selbst Christ zu werden, brachte Mendelssohn in eine schwierige Lage. Abgesehen von seinem friedfertigen Naturell, seiner religiösen und philosophischen Gesinnung, die ihn bisher Religionsstreitigkeiten hatten meiden lassen, seiner ungesicherten bürgerlichen Stellung, die zur äußersten Vorsicht in seinem und seiner Glaubensgenossen Interesse mahnte, war er sich dessen bewußt, daß die Position, die er zwischen den Welten, der jüdischen und der christlichen einerseits, der Offenbarungs- und Vernunftsreligion andererseits, bezogen hatte, schwer errungen und schwerlich ohne Mißverständnisse und Gefahren auf beiden Seiten bei einer öffentlichen Diskussion zu behaupten war. Die Herausforderung zu ignorieren war unmöglich. Es gab für Mendelssohn keinen anderen Weg als den ihm hingeworfenen Fehdehandschuh aufzunehmen. Er mußte, auch wenn es ihm zutiefst widerstrebte, Lavater antworten, und zwar öffentlich, da auch dieser seine „Zueignungsschrift" öffentlich bekanntgegeben hatte.

Lavaters Aufforderung hatte sich in Windeseile herumgesprochen. Die meisten, die von dem seltsamen Vorfall hörten, waren nicht mit seinem Vorgehen einverstanden. Karl Gotthelf Lessing, der seit 1765 in Berlin lebte und mit Mendelssohn näher bekannt war, schrieb am 26. Oktober 1769 seinem Bruder nach Hamburg:

„Moses hat eine sonderbare Begebenheit mit Lavatern, der vor einigen Jahren hier gewesen ist. Sie haben sich miteinander unterhalten. Hiervon nimmt der epische Dichter des künftigen Lebens Gelegenheit Moses aufzufordern, entweder die Bonnetschen Beweise für die christliche Religion zu widerlegen, oder sich öffentlich zur christlichen Religion zu bekennen. Diese gedruckte Aufforderung ärgert den guten Moses nicht wenig, und, wie er mir gesagt, wird er Lavatern aus den Bonnetschen Gründen selbst beweisen, daß er nichts als ein Jude sei . . ."[6] Und weiter heißt es dann in diesem Brief: „Wenn sich doch die Unaufgeklärten und Aufgeklärten um das Seelenheil der Menschen, wie Moses, unbekümmert ließen! Aber das ist nun ihr Los zu plaudern, wo andere so gern schweigen!"[7] Herder erfuhr von dem Vorfall durch Nicolai, der ihm im November mitteilte, daß Mendelssohn sich für eine Antwort auf Lavater entschieden habe: „Herr Lavater hat sich alle Folgen selbst zuzuschreiben. Sie wissen, daß wer bisher in Deutschland von der Religion geschrieben, immer aus einem gewissen theologischen Ton gesprochen hat. Moses wird jetzt in die Nothwendigkeit gesetzt, anders zu sprechen, und dieses wird gewiß einen Erfolg auf die Zukunft haben. Inzwischen wird er seine Antwort so einrichten, daß er künftig auf weitere Aufforderungen kein Wort sagen darf."[8]

Für Mendelssohn war es nicht einfach, eine Erwiderung auf Lavater zu verfassen. Einerseits war er gezwungen, die an ihn gestellte Aufforderung mit aller Entschiedenheit und Offenheit zurückzuweisen. Andererseits nötigten ihn die Umstände, schonend mit Lavater zu verfahren. War seine Antwort an Lavater zu offen, konnte dies als ein Angriff gegen die christliche Religion verstanden werden. Vor der Veröffentlichung seines Antwortschreibens wandte sich Mendelssohn deshalb an das Konsistorium und bat um Bescheid, wem er das „Schreiben", ob teilweise oder ganz, zur Genehmigung vorzulegen hätte. Er erhielt darauf den Bescheid: „Herr Moses Mendelssohn könne seine Schriften drucken lassen, ohne sie einzeln oder vollendet dem Konsistorium zur Zensur vorzulegen, weil man von seiner Weisheit und Bescheidenheit überzeugt sei, er werde nichts schreiben, das öffentliches Ärgernis geben könnte."[9]

Am 24. Dezember 1769 sandte Mendelssohn Lavater sein Antwortschreiben,[10] das im Ton erstaunlich mild, ein Muster an Beherrschtheit ist. „Ich bin völlig überzeugt", heißt es in diesem, „daß Ihre Handlungen aus einer reinen Quelle fließen, und *kann* ihnen keine andere, als liebreiche menschenfreundliche Absichten zuschreiben."[11] Mendelssohn bedankte sich für die Zueignung, äußerte aber auch Befremden, daß Lavater ihn öffentlich herausgefordert habe. Er erinnerte diesen daran, wie sehr er bei der Unterredung vor sechs Jahren bemüht gewesen sei, das Gespräch von dem Gebiete der Religion abzulenken und nur auf Lavaters Drängen hätte er zu diesem Thema das Wort ergriffen – wohlgemerkt unter der Bedingung, daß niemals von seinen Ausführungen „öffentlich Gebrauch" gemacht werde. Weder Furcht noch „Blödigkeit" hätten ihn im übrigen von Religionsstreitigkeiten zurückgehalten. Über seine Religion habe er schon seit längeren angefangen nachzudenken. „Die Pflicht, meine Meinungen und Handlungen zu prüfen, habe ich gar frühzeitig erkannt, und wenn ich, von früher Jugend an, meine Ruhe- und Erholungsstunden der Weltweisheit und den schönen Wissenschaften gewiedmet habe, so ist es einzig und allein in der Absicht geschehen, mich zu dieser so nöthigen Prüfung vorzubereiten."[12] Hätte er nicht als Resultat seiner Untersuchungen die Wahrheit bei der Religion seiner Väter gefunden, wäre er im Herzen einer anderen Religion überführt worden, so wäre es die verworfenste Niederträchtigkeit, der innerlichen Überzeugung zum Trotz, die Wahrheit nicht bekennen zu wollen. „Ich begreife nicht", erklärte Mendelssohn, „was mich an eine, dem Ansehen nach so überstrenge, so allgemein verachtete Religion fesseln könnte, wenn ich nicht im Herzen von ihrer Wahrheit überzeugt wäre."[13] Religiöse Indifferenz oder sogar Unglauben wies er weit von sich. Auch dürfe man einem Wahrheitssucher wie ihm nicht zutrauen, daß er sich aus bloßem Konservativismus, aus Gewohnheit zum Judentum bekenne. Er wisse, daß auch die jüdische Religion „menschliche Zusätze und Mißbräuche" erfahren hätte, aber, fragt Mendelssohn, „welcher Freund der Wahrheit kann sich rühmen, seine Religion von schädlichen Menschensatzungen frey gefunden zu haben?"[14] Vom „Wesentlichen" der jüdischen Religion ist Mendelssohn ebenso „unwiderleglich" überzeugt, wie Lavater oder Bonnet vom Wesentlichen des Christentums. „. . . ich bezeuge hiermit", heißt es schließlich, „vor dem Gott der Wahrheit, Ihrem und meinem Schöpfer und Erhalter, bey dem Sie mich in Ihrer Zuschrift beschworen haben, daß ich bey meinen Grundsätzen bleiben werde, so lange meine Seele nicht eine andere Natur annimmt."[15]

Nachdem Mendelssohn ausgeführt hat, daß der Geist der Bekehrung Andersgläubiger dem Judentum zuwider sei, kam er am Ende seines Antwortschreibens an Lavater auf die Bonnetsche Schrift zu sprechen. Er findet dessen Verteidigung des Christentums in keiner Weise so überragend, wie das Lavater in seiner Vorrede zu seiner Teilübersetzung der „Palingénésie" behauptet. Mendelssohn wunderte sich, daß Lavater die Bonnetsche Schrift überhaupt für hinlänglich halte, einen Menschen von seinen Grundsätzen zu überzeugen. An solchen allgemeinen Betrachtungen könne man jede beliebige Religion verteidigen, und es sei ein Leichtes, eine Gegenschrift zu Bonnets Hypothesen zu entwerfen. „Wenn darauf gedrungen wird", schloß Mendelssohn seine Ausführungen, „so *muß* ich die Bedenklichkeiten aus den Augen setzen und mich entschließen, in *Gegenbetrachtungen* meine Gedanken über des Hrn. Bonnet Schrift und die von ihm vertheidigte Sache öffentlich bekannt zu machen. Ich hoffe aber, daß Sie mich dieses unangenehmen Schrittes überheben, und lieber zugeben werden, daß ich in die friedsame Lage zurückkehre, die mir so natürlich ist . . . Ich möchte nicht gerne in Versuchung kommen, aus den Schranken zu treten, die ich mir mit so gutem Vorbedachte selbst gesetzt habe."[16]

Inzwischen hatte Lavater eingesehen, daß sein Verhalten gegenüber Mendelssohn als indiskret empfunden werden mußte. Er versicherte Mendelssohn, daß es nur „redliche Absicht" gewesen sei, ihm Bonnets Schrift zuzueignen. Für etwa gemachte Fehler bäte er um Verzeihung. Der Briefwechsel, den Mendelssohn und Lavater führten, läßt erkennen, daß es beiden daran gelegen war, den Streit beizulegen. Mit seiner „Antwort" vom 14. Februar 1770, die er Mendelssohn im Manuskript zuschickte, damit dieser Verbesserungen oder Anmerkungen machen könne, hoffte Lavater, einen endgültigen Strich unter die Kontroverse ziehen zu können. „Glauben Sie mir, mein Herr", hatte Mendelssohn Lavater wenige Tage vorher mitgeteilt, „es ist unser beider unanständig, ein Spiel der Anekdotenkrämer zu werden und durch öffentliche Streitschriften dem müßigen Theil des Publikums einen Zeitvertreib, dem Einfältigen ein Aergerniß und dem Feinde alles Guten eine boshafte Freude zu machen. Meine aufrichtige Meinung, mein Herzenswunsch ist, wir suchen uns, so gut wir können, aus der Schlinge zu ziehen, in welcher wir gerathen sind. Lassen Sie die Wahrheiten, welche wir gemeinschaftlich erkennen, erst ausgebreitet genug sein, alsdann wollen wir den Streit über die Punkte, die uns trennen, mit desto größerem Eifer fortsetzen."[17] Es waren die Theologen Spalding, Lüdcke und Zollikofer sowie Mendelssohns Freund Nicolai, die mithalfen, im Streit zu vermitteln. Mit der zur Ostermesse 1770 im Verlag von Nicolai erschienenen „Antwort an den Herrn Moses Mendelssohn zu Berlin von Johann Kaspar Lavater, nebst einer Nacherinnerung von Moses Mendelssohn" schien es, als ob die Auseinandersetzung beendet, die Kontroverse ausgestanden sei.

In seiner „Antwort"[18] erklärte Lavater, daß er Mendelssohn nicht hätte bekehren, daß er ihn lediglich dazu hätte bewegen wollen, eine Untersuchung der Bonnetschen Schrift vorzunehmen. Er sehe jedoch ein, daß er Mendelssohn am sichersten zu einer Untersuchung der Schrift Bonnets hätte veranlassen können, wenn er sich privat an ihn gewandt oder seine „Zuschrift" anders abgefaßt hätte. Obgleich Lavater sich entschuldigte, versuchte er indirekt doch wieder, Mendelssohn zur Verteidigung oder Abschwörung der jüdischen Religion oder zum Nachweis der Unzulänglichkeit der Bonnetschen Beweise für das Christentum zu veranlassen. Immerhin gestand er, daß Mendelssohns „Schreiben" ihm eine Ahnung von einem „reineren" Judentum vermittelt hätte. Wenn die Christen mit dem „besten" System des Judentums bekannt geworden wären, so hätte das vielleicht „manchen Stein des Anstoßes" zwischen den beiden Religionen beseitigen können.

Mendelssohn ging in seiner „Nacherinnerung"[19] nicht auf Lavaters immer noch vorhandene Hoffnung auf seine Bekehrung („Wollte Gott, daß Sie ein Christ wären!") ein. Ganz auf Beilegung des Streites eingestellt, erklärte er, daß Lavater ihn nicht beleidigt, das Fehlerhafte an der „Zuschrift" nur seiner voreiligen Wahrheitsliebe zuzuschreiben sei. Lavaters Anspielung auf Mendelssohns „Vorurteile" für die jüdische Religion erfährt die bemerkenswerte Erwiderung: „Ob ich Vorurtheile für meine Religion habe, kann ich selbst nicht entscheiden, so wenig ich wissen kann, ob mein Odem einen üblen Geruch habe." Mendelssohn begrüßte Lavaters Bereitschaft, vorläufig den öffentlichen Schriftenaustausch einzustellen und betonte, wie glücklich die Menschen sein könnten, wenn sie die Wahrheiten annehmen und verwirklichen würden, die „die *besten Christen* und die *besten Juden* gemein haben".[20]

Es bieten sich verschiedene Erklärungen an, warum Mendelssohn in der Kontroverse mit Lavater bemüht war, einzulenken. Die Vermutung liegt nahe, daß er den Streit bewußt herunterspielte, um seine und die an sich schon schlechte Lage seiner Glaubensbrüder nicht noch mehr zu gefährden, um nicht weiteren antisemitischen Ressentiments Vorschub zu leisten. Ganz sicherlich ist es nicht seine grundsätzliche Abneigung gegenüber jedem Religionskampf, auch nicht seine Toleranz in Religionsfragen überhaupt, sondern Taktik gewesen, die seine Zurückhaltung in der Fehde mit Lavater bestimmt hat. Als Beleg kann der Briefwechsel mit seinem Verwandten Elkan Herz gelten. In diesem tritt ein anderer, ein kampfbereiter Mendelssohn auf, der nur auf eine neue, ähnliche Gelegenheit wartet, um in eine Auseinandersetzung für die jüdische Religion eintreten zu können. In einem Brief, der das Datum vom 16. November 1770[21] trägt, bedauert Mendelssohn, daß er sich nicht mehr in den Streit mit Lavater eingelassen habe. Religiöse Streitigkeiten zu vermeiden, sei falsch.[22] Was man tun könne, um die Ehre der jüdischen Religion zu wahren, sollte man tun. Er könne die Zeitgenossen nicht begreifen, die ihn vor der Fortsetzung des Streites mit Lavater gewarnt hätten. Er habe sich, das betont Mendelssohn ausdrücklich, nur ungern vom Streit zurückgezogen, sei dabei nur dem Willen anderer gefolgt. Wenn es nach ihm gegangen wäre, so würde er Lavater ganz anders geantwortet haben.

Ein eigentümliches Nachspiel erhielt der Streit zwischen

Mendelssohn und Lavater durch die Einmischung Bonnets, des Verfassers der „Palingénésie". In einem Brief, datiert vom 12. Januar 1770,[23] bedauerte Bonnet, daß er der Anlaß für die Auseinandersetzung zwischen Lavater und Mendelssohn gewesen sei. Gleichzeitig versicherte er Mendelssohn seine Hochachtung, verwahrte sich aber gegen den Vorwurf des Plagiats, den dieser mehr oder weniger offen in seinem Antwortschreiben an Lavater erhoben hatte. In der Antwort an Bonnet vom 9. Februar 1770 versprach Mendelssohn das in Aussicht gestellte Exemplar der „Palingénésie" einer gründlichen Prüfung zu unterziehen. Falls einige der Formulierungen im Antwortschreiben an Lavater zu scharf gewesen seien, bedauere er dies. Die ihm von Bonnet angetragene Freundschaft nahm er „mit unaussprechlicher Freude" an. „Sie ist das köstlichste Geschenk, das ein Sterblicher mir machen kan und ich kan Ihnen, ohne Ihrer Bescheidenheit zu nahe zu treten, nicht ausdrücken, wie sehr ich Ihnen für diese Großmuth verbunden bin."[24] Bonnet antwortete am 24. Juni 1770, höchste Verehrung für den Verfasser des „Phädon" äußernd: „En vérité, je ne crois pas, qu'il fût possible rencontrer dans la République des Lettres deux Hommes plus ennemis du *Polémique* que le *Phédon* moderne et le *Palingénésiste:* Je dirais plus; nous sommes à cet égard les deux Etres les plus disgraciés de la Nature."[25] Daß die freundschaftlichen und liebenswürdigen Versicherungen Bonnets Augenblicksäußerungen gewesen sind, läßt die Zweitauflage der „Palingénésie" erkennen, in der Bonnet Mendelssohn in einer Manier widerlegte, die weder von Achtung noch von Liebenswürdigkeit zeugt. „Ich finde", schrieb Mendelssohn am 4. Dezember 1770 an Lavater, „eine Inconsequenz in dem Betragen, dieses mir in aller Betrachtung sehr verehrenswürdigen Gelehrten, die ich mir nicht erklären kan . . . Ohne sich ein Wort von unserm Briefwechsel und dem ganzen Vorfalle überhaupt merken zu laßen, führet er meine Gründe an und suchet sie zu widerlegen. Heißt dieses nicht offenbar sich seiner Waffen wider einen Unbewaffneten bedienen?"[26]

Welches war nun die Position, die Mendelssohn tatsächlich einnahm? Aus den „Gegenbetrachtungen" (1770), die – durch den Streit mit Lavater hervorgerufen – direkt an den Genfer Philosophen Bonnet gerichtet sind, sowie aus den zahlreichen Briefen dieser Zeit geht deutlich hervor, daß Mendelssohn den Vorzug des Judentums vor der christlichen Religion im Fehlen gerade jeder über die Vernunft hinausgreifenden Glaubenslehre von positiver Verbindlichkeit erblickte. „Wir haben", schrieb Mendelssohn an Elkan Herz am 22. Juli 1771, „keine Glaubenssätze, die gegen die Vernunft oder über dieselbe seien. Wir thun nichts mehr zu der natürlichen Religion hinzu, als Gebote, Satzungen und gerade Vorschriften, aber die Grund- und Glaubenssätze unserer Religion beruhen auf dem Fundamente des Verstandes, sie stimmen mit der Forschung nach jeder Seite hin, ohne jeden Widerspruch und jeden Widerstreit, überein."[27] In dem ungemein aufschlußreichen Schreiben an den Erbprinzen von Braunschweig, das im Januar 1770 der Abfassung der „Gegenbetrachtungen" für Bonnet voranging, erklärte Mendelssohn, daß er keinem Zeugnisse trauen können, das einer ausgemachten, unumstößlichen Wahrheit widerspreche. Ausdrückliches Kriterium seiner Religionsauffassung sei nicht die „historische Wahrheit der Gesandtschaft", sondern die „logische Wahrheit der Lehre". Eben deswegen müsse er Dreieinigkeit, Menschwerdung, Leidensweg und Sühnetod Christi verwerfen, weil sie „den ersten Gründen der menschlichen Erkenntnis schnurstracks zu widersprechen scheinen". Gerade dies, meint Mendelssohn, sei der Unterschied zwischen den Büchern des Alten und des Neuen Testaments: „Jene harmonisieren mit meiner philosophischen Überzeugung oder widersprechen derselben wenigstens nicht, diese hingegen fordern einen Glauben, den ich nicht leisten kann."[28]

Eine der Folgen der Kontroverse mit Lavater war das Erscheinen einer Reihe von Broschüren, die Mendelssohn als Naturalisten und Deisten brandmarkten oder glaubhaft zu versichern suchten, Mendelssohn sei dem Glauben seiner Väter entfremdet, hätte in seiner Religionsauffassung längst den Boden des Judentums verlassen. Unter denjenigen, die in die Kontroverse eingriffen, tat sich besonders hervor der Frankfurter Advokat Johann Balthasar Kölbele (1722–1778), eine streitsüchtige Natur, außerdem noch ein berüchtigter Judenhasser, der Mendelssohn schon seit längerem systematisch nachstellte und verfolgte, immer bestrebt über diesen in der Öffentlichkeit herzuziehen. Bereits in seinem 1765 veröffentlichten Buch „Die Begebenheiten der Jungfer Meyern, eines Jüdischen Frauenzimmers von ihr selbst beschrieben", in dem Kölbele, ein jüdisches Mädchen von ihrer Taufe erzählen läßt, die schließlich den Übertritt ihrer reichen angesehenen Eltern zum Christentum nach sich zieht, finden sich bösartige Anspielungen auf Mendelssohn. Immer bemüht, Mendelssohn seine Hochachtung zu versichern, läßt Kölbele in dieser als auch in späteren Schriften erkennen, daß es ihm sehr an der Bekehrung Mendelssohns zum Christentum gelegen ist. Die Tatsache, daß Mendelssohn alle Anspielungen und Bemerkungen Kölbeles ignorierte, daß er seine Briefe unbeantwortet ließ, muß den reizbaren Mann tief verletzt haben. Vielleicht ist dies der Grund, daß auch er sich öffentlich zu Wort meldete, als Lavaters Herausforderung an Mendelssohn bekannt wurde. Das „Schreiben an den Herrn Mendelssohn über die Lavaterische und Kölbelische Angelegenheiten"[29] war der fast schon dreist zu nennende Versuch, sich in die Kontroverse zwischen Mendelssohn und Lavater einzumischen. „Roher[e]s und Pöbelhafter[e]s", versicherte Lavater am 20. April 1770 Mendelssohn, „habe ich von einem kranken Christen, deßen *Krankheit notorisch ist!!* noch nicht gelesen."[30] Fast auf jeder Seite seines „Schreibens" beschimpfte und beleidigte Kölbele Mendelssohn und behauptet, daß dieser nur deswegen an der jüdischen Religion festhalte, weil er „Vortheile" aus dieser zöge. Mendelssohn würde von seinen „professormäßigen Wissenschaften" nur deshalb keinen Gebrauch machen, weil die „gute Besoldung als Komtoirschreiber bey reichen Juden" sowie manch andere „Nebenvortheile" dies nicht nötig machten. „Aber was sind denn eben", fragte Kölbele in klar erkennbarer denunziatorischer Absicht, „diese kleinen jährlichen Einkünfte eines Professors der Weltweisheit, der Meßkunde, der schönen Wissenschaften? Was sind sie gegen die Vortheile eines Komtoirschreibers von einem reichen Handelshause? Das bisgen Ehre der Gelehrten . . . Die Juden und andere Kaufleute kommen ohne Aufschub in die innerste Kabinette, und erhalten, was sie wollen . . ."[31]

Daß Mendelssohn über die Pöbeleien Kölbeles verärgert war,

versteht sich von selbst. In seiner „Nacherinnerung" erklärte er, daß er mit Kölbele keinen Streit, daß niemand diesen aufgefordert habe, das Amt des Schiedsrichters zwischen ihm und Lavater zu übernehmen. Im übrigen sei es unter seiner Würde, sich mit Kölbele zu befassen, sich auf dessen Kritik überhaupt einzulassen. „Ich freue mich vielmehr" heißt es in der „Nacherinnerung", „meine Leser versichern zu können, daß ich hiemit alle Streitigkeiten endige, die ich mit irgendeinem Sterblichen habe, und vor der Hand nicht willens bin, jemals wieder Streitigkeiten zu bekommen. Wenigstens in dieser Angelegenheit mögen Aufforderungen, Zumuthungen, Angriffe, Widerlegungen herauskommen, von wem man will, so höflich oder unhöflich man will, ich werde nicht eher antworten, als bis ich glauben werde, meine Zeit nicht nützlicher anwenden zu können."[32]

Der verächtliche Ton, in dem Mendelssohn den Eisenmenger-Jünger abfertigte, steigerte dessen Groll auf das Höchste.[33] Er ließ ein „Zweytes Schreiben an Herrn Moses Mendelssohn, insonderheit über den ehemaligen Mendelssohnischen Deismus" erscheinen, in der er einzelne Stellen aus früheren Schriften Mendelssohns, aus den „Briefen über die Empfindungen", den „Philosophischen Gesprächen", sowie aus dem „Phädon" herausgriff – Stellen, die Mendelssohns Deismus, seine negative Stellung zur Offenbarung, seine Forderung des Primats der Vernunft gegenüber der der Offenbarung beweisen sollten. In dem 1772 erschienenen „Kleinen Versuch über die Wunder nach Houttevillischem, Bonnetischem und Hollmännischem Leitfaden mit einigen Zusätzen über die Mendelssohnische und Kölbelische Religionsstreitigkeit" setzte Kölbele seine Angriffe gegenüber Mendelssohn fort. Seine ganze Überreiztheit, sein krankhaftes Mißtrauen läßt Kölbele in dieser Publikation zum Ausdruck kommen, wenn er sich und die christlichen Gelehrten als die Verfolgten, Leidenden, Mendelssohn und die Juden aber als die Herrschenden im deutschen Leben darstellt.

Mit seinen Ausfällen gegenüber Mendelssohn erreichte Kölbele nicht das, was er sich vermutlich von seiner Kampagne erhofft hatte. Es waren nur einige Anhänger, die ihm Beifall zollten, sowie einige frömmelnde Juden, die sich schadenfroh darüber äußerten, daß ihr „neumodischer" Glaubensgenosse als Deist bezeichnet wurde. Mendelssohn bemühte sich, so gut er konnte, diese mit Gehässigkeit vorgetragenen Angriffe, mit Stillschweigen zu übergehen. „Ich würde es mir sehr verdenken", heißt es in einem Brief an Elkan Herz in Leipzig vom 22. Juli 1771, „wenn ich mit Kölbele ferner Zeit verderben sollte. Rechtschaffene Leute sind nicht damit zufrieden, daß ich ihm das erste mal geantwortet habe. Hinsichtlich solcher heißt es: Antworte dem Thoren nicht in seiner Thorheit! Seine Beschuldigungen sind so unverschämt, und seine Beweise so dumm, daß ich mich schämen würde, darauf zu antworten. Sie sagen, viele unserer Glaubensgenossen könnten ihm Glauben geben. Lieber Herr Elkan! Ueber die Kölbele unserer Glaubensgenossen moquire ich mich herzlich, denn ein vernünftiger Mensch muß die Albernheit dieses unverständigen Schwätzers gar bald einsehen. Ueberhaupt pflegen Christen und besonders Theologen leicht jemand des Deismus zu beschuldigen, weil ihre geoffenbarte Religion gar schrecklich viel zu der natürlichen hinzu zu thun hat, das über und wider die Vernunft ist."[34]

In der Kontroverse mit Lavater, Kölbele und deren Parteigängern stand Mendelssohn nicht allein. Die Freunde, an ihrer Spitze Nicolai, standen fest zu ihm. Es gab aber auch Unbekannte, die sich zu Wort meldeten, ihre Sympathie für Mendelssohn kundtaten. Der Prediger August Wilhelm Hupel (1737–1819) z. B. veröffentlichte eine Schrift,[35] in der er sich über die Bemühungen lustig machte, Mendelssohn zum Christentum zu bekehren. „Was soll das Geschrei an allen Ecken", heißt es in der 1771 anonym erschienenen Schrift, „gleich den Weinrufern, die für richtige Bezahlung nach einer erlernten Formel Abnehmer anlocken? Die Sache, ganz von der Nähe betrachtet, bewegt zum Unwillen oder zum lauten Lachen. Halb Europa führte Krieg, aber zur Wiederherstellung des lieben Landfriedens ist kaum so viel geredet worden, als jetzt über die ganz unwahrscheinliche Bekehrung eines Berlinischen Juden."[36]

Die Kontroverse mit Lavater und Charles Bonnet, die Angriffe, die von verschiedenen Seiten kamen, ließen Mendelssohn geistig und physisch erschöpft zurück. Er litt an Schwächeanfällen,

Kopfschmerzen und Benommenheit. Auf Rat seines Arztes mußte Mendelssohn eine Zeit lang seine geistige Tätigkeit soweit wie möglich einschränken. Fast wehmütig klingt die Klage über die ihm auferlegte geistige Enthaltsamkeit. „Ich befinde mich", heißt es in einem Brief an Lessing vom 9. April 1771, „seit einiger Zeit so übel, daß mir das Lesen und Schreiben völlig untersagt worden. Noch diesen ganzen Sommer soll ich so musenlos hinbringen, und wie jener König der Menschheit beraubet werden, um unter den wilden Thieren meine Vernunft wieder zu suchen. Leben Sie wohl, meine Freund! und mäßigen Sie Ihren Eifer zu denken und zu lesen, damit Sie desto länger aushalten."[37]

Schlimmer als die körperliche Erschöpfung war die Enttäuschung. Mendelssohn mußte feststellen, daß nicht ihm als Aufklärer, sondern ihm als Juden Steine in den Weg gelegt wurden. Seine Bemühungen, mit Lessing, Nicolai und anderen Aufklärern das deutsche Geistesleben zu erneuern, der deutschen Literatur und Philosophie neue Impulse zu geben – diese Bemühungen erfuhren durch Lavater und seine Anhänger einen Dämpfer. Mendelssohn erkannte, daß der tiefere Sinn des Lavaterschen Bekehrungsversuches der war, ihm zu verdeutlichen, daß die werdende deutsch-europäische Kultur eine *christliche* Kultur sei, daß diese neue Kultur nur auf dem Boden des Christentums gedeihen und ein Jude deshalb keinesfalls eine führende Stellung im neuen deutschen Geistesleben einnehmen könne. Vermutlich war es diese Einsicht, die einen grundlegenden Wandel in Mendelssohns Denken und Lebensführung einleitete. Bis zur Kontroverse mit Lavater war er, wenn auch Jude, ein deutscher Schriftsteller und Philosoph. Nun hatte Lavater, der einen Christen aus ihm hatte machen wollen, ihn zu der Erkenntnis geführt, daß er als Sprecher aller Juden in Deutschland, vielleicht sogar in Europa, die moralische Verpflichtung habe, sich der Probleme seiner Glaubensbrüder anzunehmen.

Anmerkungen

1 Vgl. die Einleitung von Simon Rawidowicz JubA, Bd. VII, S. XI–CLXXIII und Altmann, Moses Mendelssohn, S. 194–263.
2 Johann Caspar Lavaters Lebensbeschreibung von seinem Tochtermann Georg Geßner, Bd. II, Winterthur 1802, S. 191–192. In seinen „Pysiognomischen Fragmenten" schrieb Lavater 1775 über die Silhouette Mendelssohns: „Vermuthlich kennst du diese Silhouette? Sie ist mir gar zu lieb! gar zu sprechend! Ich weide mich an diesem Umrisse! Mein Blick wälzt sich von diesem herrlichen Bogen der Stirne auf den scharfen Knochen des Auges herab. In dieser Tiefe des Auges sitzt eine Sokratische Seele! Die Bestimmtheit der Nase; – der herrliche Übergang von der Nase zur Oberlippe – die Höhe beyder Lippen, ohne daß eine über die andere hervorragt, o wie alles dieß zusammenstimmt, mir die göttliche Wahrheit der Physiognomie fühlbar und anschaulich zu machen. Ja, ich sehe ihn, den Sohn Abrahams, der einst noch mit Plato und Moses – erkennen und anbeten wird, den gekreuzigten Herrn der Herrlichkeit!" (Vgl. Meyer, Bibliographie, S. 103, Nr. 571.)
3 Der vollständige Titel von Charles Bonnets 1769 erschienener Schrift lautet: „Palingénésie philosophique, ou Idées sur l'Etat passé et sur l'Etat futur des êtres vivants."
4 Herrn Carl Bonnets, verschiedener Akademien Mitglieds, philosophische Untersuchung der Beweise für das Christentum. Samt denselben Ideen von der künftigen Glückseligkeit des Menschen, Zürich 1769.
5 JubA, Bd. VII, S. 3.
6 LLM, Bd. 19, S. 320.
7 Ebenda.
8 Herders Briefwechsel mit Nicolai, hrsg. von Otto Hoffmann, Berlin 1897, S. 51.
9 GS, Bd. I, S. 20.
10 JubA, Bd. VII, S. 7–22.
11 Ebenda, S. 7.
12 Ebenda, S. 8.
13 JubA, Bd. VII, S. 9.
14 Ebenda.
15 Ebenda, S. 10.
16 Ebenda, S. 16f.
17 GS, Bd. III, S. 83.

18 JubA, Bd. VII, S. 27–37.
19 JubA, Bd. VII, S. 41–55.
20 Mendelssohn an Bonnet 9. Februar 1770 (JubA, Bd. VII, S. 318).
21 Kayserling[1], S. 493.
22 Es gibt gegensätzliche Äusserungen. So schrieb z. B. am 30. März 1770 Mendelssohn an Avigdor Levi: „Mich hielten vielfache Beschäftigungen, und ganz besonders der religiöse Streit, in welchem ich mit einem christlichen Theologen gerathen bin – immer habe ich dieses gefürchtet und es ist jetzt eingetroffen – vom Schreiben ab. Ich gebrauch stets die größte Vorsicht, religiöse und dogmatische Streitigkeiten zu meiden, da sie ja zu nichts führen, wie wir es öfter aus so manchen derartigen Parteikämpfen zur Genüge ersehen . . ." (Vgl. JubA, Bd. XVIV, S. 139f.)
23 JubA, Bd. VII, S. 305–310.
24 Ebenda, S. 326.
25 Ebenda, S. 349.
26 Ebenda, S. 354f.
27 Kayserling[1], S. 495.
28 JubA, Bd. VII, S. 301.
29 Schreiben an den Herrn Moses Mendelssohn über die Lavaterische und Kölbelische Angelegenheiten von J. B. K., Frankfurt 1770.
30 JubA, Bd. VII, S. 345.
31 Schreiben an den Herrn Moses Mendelssohn, S. 4ff.
32 JubA, Bd. VII. S. 55.
33 Vgl. die Einleitung von Rawidowicz JubA, Bd. VII, S LXVII ff.
34 Kayserling[1], S. 494–496.
35 Der ausführliche Titel der Schrift lautet: „Dienstfreundliches Promemcria an die, welche den Herrn Moses Mendelssohn durchaus zum Christen machen wollen, oder sich doch wenigstens herzlich wundern, daß er es noch nicht geworden ist."
35 Ebenda, S. 6.
37 JubA, Bd. XII/2, S. 8.

VIII. Lessing, der Freund Mendelssohns

> Mich beschäftiget itz der einzige Gedanke: Lessings Tod. Er macht mich nicht traurig, nicht tiefsinnig; aber er ist mir immer gegenwärtig, wie das Bild einer Geliebten. Ich schlafe mit ihm ein, träume von ihm, wache mit ihm auf und danke der Vorsehung für die Wohlthat, die sie mir gezeigt hat, daß ich diesen Mann so frühzeitig habe kennen lernen, und daß ich seinen freundschaftlichen Umgang so lange genossen habe.
>
> Mendelssohn an August von Hennings
> 8. Mai 1781

Lessings Lustspiel „Die Juden" stand am Beginn der Freundschaft mit Mendelssohn. Lessings letztes Werk „Nathan der Weise" war die Krönung der über drei Jahrzehnte währenden Freundschaft. Allgemein wird im Nathan ein Portrait Mendelssohns erblickt. Immer wieder hat man sich bemüht, die Paralellen zwischen Nathan und seinem Vorbild aufzuzeigen. Es wäre aber falsch anzunehmen, Lessing habe den „Nathan" allein aus dem Anlaß geschrieben, dem Freund ein Denkmal zu setzen. Die Gründe, die zum Entstehen des „Nathan" führten, sind komplizierter. Der Stoff hatte Lessing seit längerem, aber auch aus einem ganz bestimmten Grund interessiert. Übertrieben ist es jedenfalls nicht, den „Nathan" als den zweiten Teil oder die Fortsetzung der „Juden" zu bezeichnen, wie das schon Kant getan hat. Was Lessing als Zwanzigjähriger in den „Juden" begonnen hatte, das hat er als gereifter Älterer im „Nathan" fortgeführt. War bereits in den „Juden" um Verständnis für das fremdartige Volk der Kaftanträger, Geldverleiher und Jahrmarkthausierer geworben worden, so war der „Nathan" Lessings viel bewunderter Versuch, für ein breites Publikum das Prinzip der Humanität, der wahren Menschenliebe und der echten Toleranz zu formulieren.

Was aber war für Lessing der unmittelbare Anlaß, den „Nathan" zu schreiben? Die Antwort ergibt sich aus den Einzelheiten des theologischen Streits, den Lessing durch die Publikation von Hermann Samuel Reimarus' (1694–1768) nachgelassenen Schriften provoziert hatte. Die im Geist des rationalistischen Deismus abgefaßten „Fragmente eines Ungenannten" (Lessing gab vor, die Manuskripte unter den Schätzen der Wolffenbütteler Bibliothek gefunden zu haben) hatten ihn in schwierige theologische Auseinandersetzungen verwickelt, besonders mit dem Hamburger Hauptpastor Johann Melchior Goeze (1717–1786). Es war die Frage nach dem Verhältnis von Bibel und Christentum, nach der schriftlichen Überlieferung, auf die sich das Streitgespräch zwischen Lessing und Goeze zuspitzte. Lessing erklärte („Gegensätze" 1777), die Bibel sei nicht der Geist der Religion, Einwürfe gegen die Schrift seien folglich nicht als Einwürfe gegen die Religionswahrheit selbst zu betrachten. Die christliche Religion vermöchte auch ohne Bibel leben, denn sie sei älter als diese. „Ist denn die Bibel die Religion?" fragte Lessing in den „Axiomata" (1778). Seine in eine Metapher verkleidete Antwort lautete: „Man wird mir doch nimmermehr in Hamburg den ganzen Unterschied zwischen Brutto und Netto wollen streitig machen?"[1]

Eine christliche Religion ganz ohne Schrift war dem Hauptpastor Goeze von der Hamburger Katharinenkirche nicht vorstellbar. Er wollte deshalb wissen, wie es Lessing mit der Religion überhaupt halte. „Ich habe", hieß es in Goezes Streitschrift, „meine sehr gegründete Ursachen, warum ich, ehe ich auf dieser Bahn einen Schritt mit ihm (Lessing) weitergehe, von ihm selbst eine völlige, runde, von aller Zweideutigkeit entfernte Erklärung, über die Fragen [fordere]: [1] *was für eine Religion er durch die christliche verstehe;* und [2] *was für eine Religion er selbst als die wahre anerkenne und annehme?*"[2] Lessing antwortete unverzüglich in einer „Nötigen Antwort auf eine sehr unnötige Frage des Herrn Hauptpastors Goeze in Hamburg" (1778). Unumwunden gab er zu, daß er unter der christlichen Religion „alle diejenigen Glaubenslehren" verstehe, „welche in den Symbolis der ersten vier Jahrhunderte der christlichen Kirche enthalten sind".[3] Es war dies Lessings Antwort auf die erste Frage. In der Beantwortung der zweiten hielt er sich noch zurück. „Es freut mich", schrieb er am 9. August 1778 an Elise Reimarus, seine vertraute

Freundin, „daß sie die Taktik meines letzten Bogens so gut verstehen. Ich will Goeze Evolutiones vormachen, deren er sich gewiß nicht vorsieht. Da er sich nun einmal verredet hat, und wissen will, nicht was ich von der christlichen Religion glaube, sondern was ich von der christlichen Religion verstehe, so habe ich gewonnen, und die eine Hälfte der Christen muß mich immer gegen die andere in Schutz nehmen."[4]

Auf die zweite Frage wollte Lessing auch antworten – aber nicht in der polemischen Theorie, sondern in der Dichtung. Seinem Bruder teilte er am 11. August 1778 mit, er habe „vergangene Nacht einen närrischen Einfall gehabt". Er habe vor Jahren einmal ein Schauspiel entworfen, dessen Inhalt eine Art von Analogie mit seinen gegenwärtigen theologischen Streitigkeiten hätte. Den Theologen würde er damit gewiß einen „ärgern Possen" spielen, als „noch mit zehn Fragmenten". Wenn der Bruder und Moses es für gut fänden, so wollte er „das Ding auf Subskription drucken" lassen. „Ich möchte zwar nicht gern", heißt es schließlich, „dass der eigentliche Inhalt meines anzukündigen[den] Stücks allzufrüh bekannt würde; aber doch, wenn ihr, Du oder Moses ihn wissen wollt, so schlagt das Decamerone des Boccaccio auf. Ich glaube, eine sehr interessante Episode dazu erfunden zu haben . . ."[5]

Mendelssohn zeigte sich mit dem Plan des Freundes einverstanden. Zu bedenken gab er nur, ob es denn nicht besser sei, wenn das Stück überhaupt keinen Bezug zu den theologischen Streitigkeiten hätte. „Moses meynt", schrieb Karl Lessing seinem Bruder, „Wenn Du ein Stück machtest, worin die Thorheiten der Theologen belacht würden, so hätten sie Dich dahin, wohin sie Dich haben wollten. Es ist eine Komödie, würden sie sagen; er hat eine große Stärke zu spotten und lachen zu machen. Er ist ein Voltaire . . .[6] Abbringen ließ Lessing sich von seinem Vorhaben jedoch nicht. Am 20. Oktober 1778 teilte er seinem Bruder Karl mit, daß man auf das Erscheinen des „Nathan" gespannt sein könne, daß dieser im übrigen ein „satirisches Stück" sei, „um den Kampfplatz mit Hohngelächter zu verlassen". Und auf Mendelssohns Bedenken erwiderte er: „Es wird ein so rührendes Stück, als ich nur immer gemacht habe, und Herr Moses hat ganz recht geurtheilt, daß sich Spott und Lachen zu dem Tone nicht schikken würde ...[7] Aber auch wenn der „Ton" nicht passend sei, aufgeben wolle er in diesem Streit nicht. „Dazu habe ich noch ganz und gar keine Lust, und er soll schon sehen, daß ich meiner eigenen Sache durch diesen dramatischen Absprung im geringsten nicht schade ...[8]

Lessings „Nathan" erregte bei seinem ersten Erscheinen Mitte April 1779 einiges Aufsehen. Auf viele wirkte er wie eine Provokation, auf andere wie eine überwältigende Offenbarung. „Lange, Lange", schrieb Elise Reimarus, „muß kein Trunk Wassers in einer dürren Sandwüste so verschluckt worden sein, so gelabt haben als dieser uns ... So ein Jude, so ein Sultan, so ein Tempelherr, so eine Recha, Sittah – was für Menschen! Gott! wenn es deren viele von ordentlichen Vätern geboren gäbe, wer möchte nicht so lieb auf Erden als im Himmel leben, da, wie Sie ganz recht bemerken, der Mensch dem Menschen doch immer lieber bleibt als der Engel."[9] Die kürzeste, aber wohl treffendste Kritik gab Herder, der an Lessing schrieb: „Ich sage Ihnen kein Wort Lob über das Stück: das Werk lobt den Meister, und dies ist Manneswerk."[10] Auch Mendelssohn zeigte sich angetan. „Moses", schrieb Karl Lessing seinem Bruder Gotthold, „grüßt Dich vielmals, und glaubt, daß Dein Nathan das beste Stück sey, das Du gemacht."[11] Ausführlicher, wenn auch unter einer anderen Fragestellung, setzte sich Mendelssohn mit dem „Nathan" auseinander, als er im sog. Pantheismusstreit gezwungen wurde, für seinen verstorbenen Freund Partei zu beziehen. In den 1785 erschienenen „Morgenstunden" vermutete Mendelssohn, der „Nathan" wäre von Lessing als „eine Art Anti-Candide" geschrieben worden: „Ich weiß mich zu erinnern, daß mein verewigter Freund, bald nach der Erscheinung des Candide, den flüchtigen Einfall hatte, einen Pendent zu demselben zu schreiben, oder vielmehr eine Fortsetzung desselben, in welcher er durch eine Folge von Begebenheiten zu zeigen Willens war, daß alle die Übel, die Voltaire gehäuft, und auf Rechnung der verläumdeten Vorsehung zusammengedichtet hatte, am Ende dennoch zum Besten gelenkt, und zu den allerweisesten Absichten einstimmig gefunden werden sollten."[12] In den „Morgenstunden" ging Mendelssohn auch auf das Kesseltreiben gegen Lessing ein, auf die Angriffe und Beschimpfungen, die nach dem Erscheinen des „Nathan" einsetzten. „Aber wie sehr veränderte sich die Scene nach der Erscheinung des Nathan! Nunmehr drang die Kabale aus den Studierstuben und Buchläden in die Privathäuser seiner Freunde und Bekannten mit ein; flüsterte jedem ins Ohr: Lessing habe das *Christenthum* beschimpft, ob er gleich nur einigen Christen, und höchstens der *Christenheit* einige Vorwürfe zu machen gewagt hatte."[13] Im Grunde, meinte Mendelssohn, gereicht Lessings „Nathan" der Christenheit zur Ehre. „Auf welcher hohen Stufe der Aufklärung und Bildung muß ein Volk stehen, in welchem sich ein Mann zu dieser Höhe der Gesinnungen hinaufschwingen, zu dieser feinen Kenntniß göttlicher und menschlicher Dinge ausbilden konnte! Wenigstens, dünkt mich, wird die Nachwelt so denken müssen . . ."[14]

Lessings „Nathan der Weise" spielte im Palästina des 12. Jahrhunderts, nicht im Deutschland des 18. Jahrhunderts. Die Anspielungen und Parallelen waren aber dennoch nicht zu übersehen. Wie Moses Mendelssohn war auch Nathan ein Kaufmann und ein Weiser. Wie jenem gelingt es auch ihm, seine Religion, seine Würde und seine Ehre inmitten einer feindlichen Umwelt zu bewahren. Falls Mendelssohn es wußte, daß er Lessing als Modell für seinen Nathan gedient hatte, so hat er das jedenfalls nicht zu erkennen gegeben. Für die Zeitgenossen war kaum zweifelhaft, daß der Jude Nathan in Jerusalem Mendelssohn in Berlin nachempfunden war. Auch andere Personen in Lessings „Nathan" waren nicht zu verkennen. Im Patriarchen („Der Jude wird verbrannt") erkannte man zum allgemeinen Vergnügen den Hauptpastor Goeze, den Lessing als einen durchtriebenen Bösewicht gezeichnet hatte, der dem Tempelherren Gefälligkeit um Gefälligkeit, Geschäft gegen Geschäft anbietet. Und in Daja, der Christin, Gesellschafterin von Nathans angenommener Tochter Recha, konnte der Leser ohne Schwierigkeiten Lavater erkennen, an dessen Bekehrungsversuchen, seinem Streit mit Mendelssohn, man vor noch nicht allzu langer Zeit regen Anteil genommen hatte.

Im Grundsätzlichen stimmte Mendelssohn in den meisten der

im „Nathan" angesprochenen Fragen mit Lessing überein. Wie dieser stand er skeptisch gegenüber jeder Religion, die über die Vernunft hinausgreifende Glaubenslehren verkündete. Eine Argumentation, die sich auf die Beweiskraft von Wundern gründe, sei keine Argumentation, hatte er bereits in der „Nacherinnerung" zu Lavaters „Antwort" an ihn festgestellt.[15] Wie Lessing im „Nathan" war auch Mendelssohn zutiefst davon überzeugt, daß es jedem Menschen gestattet sein müsse, seiner Religionsüberzeugung nachzugehen, nach seiner Façon selig zu werden – sei er nun Christ, Moslem oder Jude. Einem Unbekannten, der ihn anfragte, warum er für das Judentum keine Proselyten mache, hatte Mendelssohn am 20. August 1770 geantwortet: „Ihre Frage: warum ich keine Proselyten zu machen suche, hat mich ein wenig befremdet. Die Pflicht zu bekehren, ist offenbar eine Folge aus dem Grundsatze, daß außerhalb der Kirche des Bekehrenden keine Seligkeit zu hoffen sei. Da ich, als Jude, nicht nöthig habe, diesen Satz anzunehmen, indem, nach der von mir angeführten Lehre der Rabbinen, die Tugendhaften eines *jeden* Glaubens gar wohl selig werden können; so fällt der Grund zur Bekehrung weg, und ich bin vielmehr verbunden, eine jede Religion, die eine gute moralische Seite hat, öffentlich nicht zu bestreiten."[16]

Zu einem Gedankenaustausch über den „Nathan" ist es zwischen den beiden Freunden nicht mehr gekommen. „Nathan der Weise" war Lessings Schwanengesang. Als das Werk im Frühjahr 1779 erschien, war Lessing krank und erschöpft. Die Angriffe und Beschimpfungen, der Vorwurf, ein gottloser Mensch und Ketzer zu sein, verbitterten ihn. Mendelssohn muß das gefühlt haben, denn er versuchte, den Freund durch lobende Worte aufzumuntern. In dem Brief vom 18. Februar 1780, einem Empfehlungsschreiben für den jungen Mediziner Joseph Fliess und dessen Reisebegleiter, den schwäbischen Mathematiker, Astronomen und Botaniker Steudel, gab Mendelssohn zu verstehen, daß er erfreut sei, dem Freund nach langer Zeit ein Lebenszeichen senden zu können: „Ich ergreife diese Gelegenheit gern, um Ihnen wenigstens einen schriftlichen Beweis von meinem Daseyn zu geben. Ihnen, der Sie Ihren Freunden so viele, zum Theil so herrliche gedruckte Beweise von dem Ihrigen geben."[17]

Aus einem Brief, den Lessing am 25. Februar 1780 seinem Bruder Karl schrieb, ist ersichtlich, daß er sich über den Besuch sowie über das Lebenszeichen Mendelssohns sehr gefreut hat. Seine Antwort hat freilich einige Zeit auf sich warten lassen. Erst einige Monate später, wenige Wochen vor seinem Tod, schrieb er Mendelssohn. Wie auch Mendelssohns Brief war auch Lessings Antwort vom 19. Dezember 1780[19] ein Empfehlungsschreiben, und zwar für den mit ihm befreundeten Alexander Daveson, einen Kunsthändler, der nach dem Tod des Braunschweiger Herzogs Karl mit den Behörden Schwierigkeiten bekommen hatte. Im zweiten Teil dieses Briefes ging Lessing auf das einige Monate vorher geäußerte Lob Mendelssohns ein. „An dem Briefchen, das mir D. Flies damals von ihnen mitbrachte, kaue und *nutsche* ich noch. Das saftigste Wort ist hier das edelste. Und wahrlich lieber Freund, ich brauche so ein Briefchen von Zeit zu Zeit sehr nöthig, wenn ich nicht ganz mißmüthig werden soll. Ich glaube nicht, daß Sie mich als einen Menschen kennen, der nach Lobe heißhungrig ist. Aber die Kälte, mit der die Welt gewissen Leuten zu bezeugen pflegt, daß sie ihr auch gar nichts recht machen, ist, wenn nicht tödtend, doch erstarrend. Daß *Ihnen nicht alles* gefallen, was ich seit einiger Zeit geschrieben, das wundert mich gar nicht. Ihnen hätte gar nichts gefallen müssen; denn für Sie war nichts geschrieben. Höchstens hat sie die Zurückerinnerung an unsere beßern Tage, noch etwa bey der und jener Stelle täuschen können. Auch ich war damals ein gesundes schlankes Bäumchen, und bin itzt ein so fauler knorrichter Stamm! Ach, lieber Freund! diese Scene ist aus! Gern möchte ich Sie freylich noch einmal sprechen!“[20]

Wie bewegt Mendelssohn gewesen sein muß, als er diese Zeilen las, lassen seine „Anmerkungen und Zusätze“ zu den vier Jahre später erschienenen „Morgenstunden“ erkennen: „Noch dringen mir die Worte durch die Seele, deren sich mein unvergeßlicher Freund in dem letzten Handschreiben bediente, das mir ein Reisender [Alexander Daveson] von ihm überbrachte . . .“[21] Mendelssohn berichtet hier, daß Lessing, so lange er ihn gekannt habe, nie sich über den Undank seiner Zeitgenossen beschwert, nie sich darüber geklagt habe, daß ihm nicht Gerechtigkeit widerfahren, seine Verdienste nicht belohnt würden. Die Worte „Ich" und „Mein" aus dem Munde Lessings hätte man äußerst selten vernehmen können. Auch seien seine Briefe immer lebhaft, gedankenreich und von gediegenem Inhalt gewesen. Alle Arten von Laune sei er an ihm gewohnt gewesen, nur niemals Niedergeschlagenheit oder Mißmut. „Und nun – ich kann die widrige Empfindung nicht beschreiben, die ich hatte, als mir folgende Zeilen (Brief vom 19. Dezember 1780) einen ganz andern Mann zu erkennen gaben, einen gebeugten, abgehärmten, endlich unterliegenden Kämpfer; einen gleichsam müde gejagten, verschmachtenden Hirsch, der endlich hinsinkt, und sein edles Geweih muthlos in den Staub legt."[22]

Der Tod Lessings am 15. Februar 1781 war für Mendelssohn ein schwerer Verlust. Die tiefempfundene Trauer findet ihren Niederschlag in dem Kondolenzschreiben an Karl Gotthelf Lessing, dem jüngeren Bruder des Verstorbenen: „Nicht ein Wort, mein Bester, von unserm Verluste, von der großen Niederlage, die unser Herz erlitten. Das Andenken des Mannes, den wir verloren, ist mir jetzt zu heilig, um es durch Klagen zu entweihen. Es erscheinet mir nunmehr in einem Lichte, das Ruhe und erquickende Heiterkeit auf die Gegenstände verbreitet. Nein! ich rechne nicht mehr, was ich durch seinen Hintritt verloren. Mit gerührtem Herzen dank' ich der Vorsehung für die Wohlthat, daß sie mich so früh, in der Blüthe meiner Jugend, hat einen Mann kennen lassen, der meine Seele gebildet hat, den ich bey jeder Handlung, welcher ich vorhatte, bey jeder Zeile, welche ich hinschreiben sollte, mir als Freund und Richter vorstellte, und den ich mir zu allen Zeiten noch als Freund und Richter vorstellen werde, so oft ich einen Schritt von Wichtigkeit zu thun habe. Wenn sich in diese Betrachtung noch etwas Melancholisches mit einmischet, so ist es vielleicht die Reue, daß ich seine Führung nicht gehörig benutzt habe, dass ich nicht geizig genug nach seinem lehrreichen Umgange, daß ich manche Stunde vernachlässigte, in der ich mich mit ihm hätte unterhalten können. Ach! seine Unterhaltung war eine ergiebige Quelle, aus welcher man unaufhörlich neue Ideen des Guten und Schönen schöpfen konnte, die er wie gemeines Wasser von sich sprudelte, zu jedermanns Gebrauch.

Die Milde, mit welcher er seine Einsichten mittheilte, setzte mich zuweilen in Gefahr, das Verdienst zu verkennen; denn sie schien ihn in keine Unkosten zu setzen, und zuweilen schob er sie den meinigen so mit unter, daß ich sie nicht mehr unterscheiden konnte. Ueberhaupt war seine Mildthätigkeit hierin nicht von der engherzigen Art mancher Reichen, die es fühlen lassen, daß sie Almosen ausspenden; sondern er spornte den Fleiß an, ließ verdienen, was er gab.

Alles wohl überlegt, mein Liebster, ist Ihr Bruder gerade zur rechten Zeit abgegangen. Nicht nur in dem Plane des Weltalls zur rechten Zeit: denn da geschiehet eigentlich nichts zur *Unzeit*; sondern auch in unserer engen Sphäre, die kaum ein Spanne zum Durchmesser hat, zur rechten Zeit. Fontanelle [Bernhard le Bovier de Fontanelle (1657–1757)] sagte von Kopernicus: er machte sein neues System bekannt, und starb. Der Biograph Ihres Bruders wird mit eben dem Anstande sagen können: er schrieb den *Nathan den Weisen*, und starb. Von einem Werk des Geistes, das eben so sehr über *Nathan* hervorragte, als dieses Stück in meinen Augen über alles, was er bis dahin geschrieben, kann ich mir keinen Begriff machen. Er konnte nicht höher steigen, ohne in eine Region zu kommen, die sich unsern sinnlichen Augen völlig entzieht; und dies that er. Nun stehen wir da, wie die Jünger des Propheten, und staunen den Ort an, wo er in die Höhe fuhr und verschwand. Noch einige Wochen vor seinem Hintritte hatte ich Gelegenheit ihm zu schreiben: er solle sich nicht wundern, dass der große Haufen seiner Zeitgenossen das Verdienst dieses Werkes verkenne; eine bessere Nachwelt werde nach fünfzig Jahren daran lange Zeit kauen und zu verdauen finden. Er ist in der That mehr als *Ein* Menschenalter seinem Jahrhundert zuvorgeeilt."[23]

Aus den Korrespondenzen Mendelssohns ist zu entnehmen, daß dieser nach dem Tode Lessings die Absicht hatte, eine Art biographische Studie über den verstorbenen Freund zu schreiben. „Ich bin Willens", teilte er Johann Gottfried Herder am 18. Mai 1781 mit, „in diesem Sommer, wenn es meine Gesundheitsumstände erlauben, etwas über Lessings Charakter zu schreiben". Mendelssohn hatte den Eindruck, daß Lessing von den Zeitgenossen allgemein verkannt werde. Er hielt es für seine Freundespflicht, etwas zur Person und zur Charakteristik Lessings der Öffentlichkeit mitzuteilen. Wer anders als er hätte dies besser tun können? „Nur seine vertrautesten Freunde", meint er gegenüber Herder, „kennen ihn als einen von den seltenen Menschen, die besser sind, als sie scheinen wollen. Die Gleißnerei der Modesitten und der sogenannten *guten Lebensart* ist ihnen so zum Ekel, daß sie ihrem Aeußerlichen lieber das Gegentheil davon annehmen und eine Art von Ungeselligkeit zur Schau tragen, daran ihr Herz nicht den mindesten Antheil hat."[24] In einem Brief an Hennigs am 8. Mai 1781 schrieb er: „Die Welt kennet seinen schriftstellerischen Wehrt; so wenige aber kennen seinen freundschaftlichen Wehrt; ja ich finde, daß sein moralischer Wehrt überhaupt in vielen sogar miskannt werde. Auch die Begriffe von Tugend und Sittlichkeit sind der Mode unterworfen, und wer sich nach den Modebegriffen seines Jahrhunderts schmiegen kann, der wird von seinen Zeitgenossen verkannt und verschrien. So viel scheint mir indessen außer allem Zweifel zu seyn: Wenn irgend ein Mensch besser war, als er sich in seinen Schriften zu erkennen gab; so war es Lessing. Die am meisten wider ihn eingenommen waren, wußte er in einer Stunde persönlichen Umganges zu gewinnen, und gleichwohl ist ihm meines Wissens nie eine geflissentliche Schmeichelei aus dem Munde gegangen; ja er hatte sogar die – wie soll ich es nennen? – Bizarrerie, ein abgesagter Feind von der äußern Höflichkeit zu seyn. Seine gesellschaftlichen Tugenden bestanden vielmehr in echter Theilnehmung, aufrichtiger Dienstbeflissenheit, in der äußersten Entfernung von Eigennutz und Eigendünkel, und in der milden Bereitwilligkeit, einem jeden mit seinem Reichthum an Begriffen zuvorzukommen, daß man sich in einer Unterredung mit ihm allezeit scharfsinniger glaubte, als man wirklich war, ob man gleich nicht unterlassen konnte, dessen Ueberlegenheit innerlich recht sehr zu fühlen. Sarkastisch und bitter gegen jeden Geck, der sich die Wahrheit allein gefunden zu haben einbildete, war er liebreich und bescheiden gegen jeden, der Wahrheit suchte; und zu allen Zeiten bereit, ihm mit seinem Vorrathe zu dienen."[25]

Niemand war gespannter auf Mendelssohns angekündigte Lessing-Studie als Elise Reimarus, die Tochter von Hermann Samuel

Reimarus, dessen nachgelassene „Apologie oder Schutzschrift für die vernünftigen Verehrer Gottes" Lessing bestimmt hatte, seit 1774 die „Fragmente eines Ungenannten" zu publizieren. Als Elise Reimarus Mendelssohns Brief an Hennings zu lesen bekam, war sie über Mendelssohns Worte erfreut, mit denen er den verstorbenen Lessing würdigte. Sie hoffte, daß der Brief, wenigstens die Passagen, die Lessing betrafen, im „Deutschen Museum" veröffentlicht würde. An Hennings schrieb sie am 29. Mai 1781, daß sie glücklich darüber sei, daß Mendelssohn etwas Zusammenhängendes über den Charakter Lessings schreiben wolle. Sie habe nur den Wunsch, „daß er nicht lange zögern möchte, sich selbst und seinem Freunde dieses Monument zu sezten".[26]

Noch während Mendelssohn in den Vorbereitungen zu einer Studie über Lessing begriffen war, veröffentlichte Herder im „Teutschen Merkur" auf Lessing einen Nachruf[27] – einen der schönsten und pietätvollsten, den die deutsche Literaturgeschichte kennt.[28] Mendelssohn, dem Herder eine Abschrift seiner Arbeit zuschickte, dankte dem Verfasser mit der Versicherung aufrichtiger Freundschaft. „Meine Hochachtung", schrieb er ihm am 24. September 1781, „haben Sie schon seit vielen Jahren, aber dieser Aufsatz über Lessing macht, daß ich mich näher an Sie schließe, daß ich Sie liebe und sehnlichst wünsche, von Ihnen wieder geliebt, Ihr *Freund* genannt zu werden; denn die Freundschaft eines solchen Mannes kann den Verlust eines Lessings auf den Ueberrest meiner Tage ersetzen."[29] Auf Herders Anfrage, wie es mit seiner eigenen Arbeit über Lessing stünde, antwortete er: „Ich warte noch immer auf meine Correspondenz, die mir der Bruder aus der Verlassenschaft zuzuschicken versprochen. Und wenn ich nun diese erhalten, werde ich auch etwas hervorbringen können, das dem Ihrigen an die Seite gesetzt zu werden verdient? Wir wollen sehen!"[30]

Interessant ist, daß der Tod Lessings eine vorübergehende Annäherung zwischen Herder und Mendelssohn bewirkte. Wenn sie in vielem unterschiedlicher Meinung waren, in der Verehrung für den Verstorbenen trafen sie sich. Herder war es vor allem, der die Nähe Mendelssohns suchte. Mendelssohns sachliches Urteil wurde von ihm außerordentlich geschätzt. Als er Mendelssohn sein Buch „Von der Zukunft des Herrn" mit der Bitte um Beurteilung übersandte, schrieb er ihm: „Ich übergebe es dem rechtschaffenen Israeliten, den ich von Herzen hochschätze, als ein Zeichen dieser Hochachtung . . ."[31] Wenige Tage nach Lessings Ableben trat er mit der persönlichen Bitte an Mendelssohn heran, ob er in Zukunft nicht den Platz Lessings bei ihm ausfüllen könne. Nach einem Rückblick auf die Bedeutung Lessings heißt es in diesem Brief, der das Datum vom 21. Februar 1781 trägt: „Mir ists noch immer, so entfernt wir voneinander arbeiten und dachten, so leer zu Muth, als ob Wüste, weite Wüste um mich wäre. Lassen Sie sich, lieber Mendelssohn erbitten, gewissermaßen seinen [Lessings] Platz in mir auszufüllen und mir etwas näher sein, als Sie es sind . . . Ich begehre nicht Ihre Freundschaft, die sich nicht antragen läßt . . . aber Ihre Gutmüthigkeit, Ihr unverhohlenes Wohlwollen in Sachen, wo wir doch einerlei Zwecke im grossen Ganzen, wenngleich in so verschiedenen Sphären zu befördern haben, dies wünsche, dies erbitte ich mir, da ich Sie so innig und aufrichtig hochschätze und liebe, auch mit jedem Jahre des Lebens lieber gewinne . . ."[32] Das schmeichelhafte Ansinnen des Weimarer Superintendenten blieb auf Mendelssohn nicht ohne Eindruck. „Auch dieses, mein bester Herder", heißt es in seiner Antwort vom 15. März, „ist der Weg der Vorsehung, daß Lessings Tod zwei Gemüther sich einander näher bringen muß, die, wie jetzt am Tage liegt, ein leidiges Mißverständniß von einander entfernt hatte . . . Es ist ein wahres Labsal für meine Seele, daß Sie [durch den Tod Lessings] eine gleiche Lücke in ihrem Herzen empfinden und solche durch die Annäherung mit dem meinigen wieder auszufüllen gedenken. Haben Sie herzlichen Dank dafür, daß Sie den ersten Schritt dazu gethan. Sie sollen mich sicherlich auf halben Wege treffen. Ich gehe etwas langsam, aber ununterbrochen. Jeder hat seine Weise; und ich habe das Zutrauen zu Ihrer Menschenkenntniß, daß Sie meine kaltscheinende Weise nicht *mißkennen* werden. Sie ist in Wahrheit mehr gemäßigt als kalt; und Sie werden sie hoffentlich in der Folge der Zeit immer ächter und bewährter und Ihrer Liebe würdiger finden . . . Ich hoffe, es soll bei diesem ersten Schritte, den wir zur Freundschaft gethan, nicht bleiben; und verspreche Ihnen, allezeit so offenherzig zu seyn, als sie mich jetzt finden. Ich kann Ihnen auf der Laufbahn, auf welcher Sie so große Schritte thun, nicht folgen; aber ohne Neid kann ich Ihnen meinen herzlichen Beifall nachrufen, so oft Sie ihn mir zu verdienen scheinen. Lieben Sie mich, Brüderchen!"[33]

Ein engeres persönliches Verhältnis hat sich zwischen Herder und Mendelssohn nicht entwickelt. Dazu unterschieden sich die beiden Männer in ihren Anschauungen und Überzeugungen wohl zu sehr. Herder hätte bei Mendelssohn die Lücke, die der Tod Lessings hinterlassen hatte, vermutlich nur unvollkommen gefüllt. Ein Lessing war er nicht, konnte er auch nicht sein. Ihn fesselte mehr das poetisch-mystische Element seines Freundes Hamann, ihn zog es mehr zu der Bewegung des „Sturm und Drang", zu Geistern wie Friedrich Heinrich Jacobi und Goethe. Was Mendelssohn und Herder verband, wenigstens eine Zeit lang, war die gemeinschaftliche Verehrung Lessings, die Liebe zu einem Mann, dessen Persönlichkeit, dessen intellektuelle Redlichkeit und Unerschrockenheit ungewöhnlich, in jedem Fall herausragend waren. Auch wenn sie schließlich verschiedene Wege gingen, Herder hat Mendelssohn, seine Person, seine Leistungen und seinen Charakter, nie abschätzig, sondern immer freundlich beurteilt. Noch in den „Briefen zur Beförderung der Humanität" (1796) sagte er: „Mendelssohn ... wird in der philosophischen Kritik Deutschlands lange noch als ein schätzbarer, verdienter Name gelten."[34]

Anmerkungen

1 LLM, Bd. 13, S. 110.
2 Johann Melchior Goeze, Lessings Schwächen, Hamburg 1778, S. 69.
3 LLM, Bd. 13, S. 332.
4 LLM, Bd. 18, S. 284–285.
5 Ebenda, S. 285–286.
6 Karl Lessing an Gotthard Ephraim Lessing 25. August 1778 (LLM, Bd. 21, S. 226).

7 LLM, Bd. 18, S. 289–290.
8 Ebenda.
9 Elise Reimarus an Lessing 18. Mai 1779 (LLM, Bd. 21, S. 256).
10 Herder an Lessing 1. Juni 1779 (LLM, Bd. 21, S. 258).
11 Karl Lessing an Gotthold Ephraim Lessing 1. Mai 1779 (LLM, Bd. 21, S. 253).
12 JubA, Bd. III/2, S. 130.
13 Ebenda.
14 Ebenda, S. 131.
15 JubA, Bd. VII, S. 43.
16 JubA, Bd. XII/1, S. 225.
17 JubA, Bd. XII/2, S. 173–174.
18 LLM, Bd. 18, S. 289.
19 Der Brief wird unterschiedlich datiert. In der „Jubiläumsausgabe" ist das Datum vom 19. Oktober 1779 (Vgl. JubA, Bd. XII/2, S. 202) genannt.
20 JubA, Bd. XII/2, S. 202.
21 JubA, Bd. III/2, S. 173.
22 Ebenda, S. 173f.
23 JubA, Bd. XIII, S. 6–7.
24 JubA, Bd. XIII, S. 19.
25 JubA, Bd. XIII, S. 16f.
26 Kayserling², S. 367.
27 Herders Werke, Bd. 15 (= Zerstreute Blätter), hrsg. von Heinrich Düntzer, Berlin 1875, S. 61–79.
28 In Herders Aufsatz über Lessing heißt es: „Das Glück führte ihm [Lessing] einen edlen Gehilfen zu, Moses Mendelssohn, zwei Männer, die sich ... als philosophische Freunde schätzten und liebten ..." Vgl. Altmann, Mendelssohn, S. 589f.
29 JubA, Bd. XIII, S. 25.
30 Ebenda.
31 Aus Herders Nachlaß. Ungedruckte Briefe von Herder und dessen Gattin, Goethe, Schiller, Klopstock, Lenz, Jean Paul, Claudius, Lavater, Jacobi u. a., hrsg. von Heinrich Düntzer und Ferdinand Gottfried Herder, Frankfurt a. M. 1857, Bd. II, S. 217.
32 JubA, Bd. XIII, S. 8.
33 JubA, Bd. XIII, S. 10–12.
34 Herders sämmtliche Werke, hrsg. von Bernhard Suphan, Berlin 1883, Bd. 18 [= Briefe zur Beförderung der Humanität (1796)], S. 130.

IX. Aufklärung, Emanzipation und Judentum

> Grundsätze sind frei. Gesinnungen leiden ihrer Natur nach keinen Zwang, keine Bestechung . . . Weder Kirche noch Staat haben also ein Recht, die Grundsätze und Gesinnungen der Menschen irgendeinem Zwang zu unterwerfen.
>
> Aus: Jerusalem, oder über religiöse Macht und Judenthum (1783)

Bei verschiedenen Anlässen hat Moses Mendelssohn sich empört über die politischen und sozialen Verhältnisse geäußert, unter denen die Juden nicht nur im Preußen Friedrich II. zu leiden hatten. Auch seine eigene Lage war nicht angenehm, wenngleich es ihm immer noch besser ging als den meisten seiner Glaubensbrüder. Gegenüber dem Benediktinermönch Peter Adolph Winkopp (1759–1813) schüttete er einmal sein Herz aus, ließ er seinem Zorn freien Lauf. „Allhier in diesem sogenannten duldsamen Lande", heißt es in dem Brief vom 28. Juli 1780, „lebe ich gleichwohl so eingeengt, durch wahre Intoleranz so von allen Seiten beschränkt, daß ich meinen Kindern zu Liebe mich den ganzen Tag in einer Seidenfabrik, so wie Sie – sich in einem Kloster, einsperren muß. Ich ergehe mich zuweilen des Abends mit meiner Frau und meinen Kindern. Papa! fragt die Unschuld, was ruft uns jener Bursch dort nach? Warum werfen sie mit Steinen hinter uns her? Was haben wir ihnen gethan? – Ja, lieber Papa! spricht ein anderes, sie verfolgen uns immer in den Straßen, und schimpfen: Juden! Juden! Ist denn dieses so ein Schimpf bei den Leuten, ein Jude zu seyn? Und was hindert dieses andere Leute! – Ach! ich schlage die Augen unter, und seufze mit mir selber: Menschen! Menschen! wohin habt ihr es endlich kommen lassen?"[1] Schon der bloße Gedanke an die tristen Lebensumstände seiner Glaubensbrüder schmerzte Mendelssohn tief, auch wenn er dies sich nicht immer eingestehen wollte. Sein Schmerz ist selbst dann spürbar, wenn er ihn hinter sibyllinischen Redewendungen verbirgt. Am 20. Juli

1764 antwortete er seinem Freunde Thomas Abbt, als dieser ihn angeschrieben hatte, er wolle sich mit der Frage der Bestimmung seiner Landsleute beschäftigen: „Was die Bestimmung meiner Landsleute seyn wird, fragen Sie? – Welcher Landsleute? Der Dessauer? oder der Bürger von Jerusalem? – Erklären Sie sich deutlicher, und sodann werde ich Ihnen mit dem Pancratius beym Moliére antworten: Je m'en lave les mains. Je n'en sai[s] rien. Il en sera ce qu'il pourra. Selon les Aventures. Was mein System nicht beunruhiget das macht mir auch keinen Kummer. Pompadour, Brühl, die Jesuiten, Glaubensrichter, Seeräuber, Tyrannen, Giftmischer und Landesverräther; was thut das? Mit dem Kaltsinne eines deutschen Metaphysikers hühle ich mich in meinen kahlen Mantel, und sage wie Pangloß [in Voltaires „Candide"]: *Diese Welt ist die beste.*"[2]

Nicht nur in den Briefen an die Freunde, auch an vielen Stellen seiner Schriften klagt Mendelssohn über den traurigen sozialen und geistigen Zustand seiner Glaubensgenossen. Was aber hätte er tun können? Er hatte zwar einen gewissen Einfluß in der Welt der Gelehrten und Literaten, aber es war dies kein Einfluß, mit dem er politische und soziale Veränderungen grundsätzlicher Natur hätte bewirken können. „Die Kühnheit meines Geistes . . . erstreckt sich bloß auf spekulative Dinge", teilte er am 26. Januar 1770 einem „Manne von Stande"[3] mit, der ihm das sonderbare Projekt zur Gründung eines Judenstaates zur Beurteilung zugeschickt hatte. „Im Practischen", meinte Mendelssohn, „bin ich stets in einer allzu engen Sphäre eingeschränkt gewesen, als daß ich die Fertigkeit hätte erlangen können, mich zu großen Dingen zu erheben und über gemeine Schwierigkeiten hinwegzusehen."[4] Mendelssohn war sich vermutlich darüber klar, daß er sich selbst gefährden würde, wenn er allzu radikale Forderungen erhob. Wie die Mehrzahl der Juden mußte auch er äußerst vorsichtig sein, um der Obrigkeit nicht unangenehm aufzufallen. Der Verlust der Schutzbürgerrechte, die Ausweisung aus Preußen, das waren Maßnahmen, die auch ihn treffen konnten. Das Bewußtsein der Ohnmacht, das Wissen um die Grenzen des eigenen Handelns, erhielt seine besondere Note noch dadurch, daß er keine besonders hohe Erwartungen in die Aktivität seiner Glaubensgenossen setzen konnte: „Der Druck, unter welchem wir seit so vielen Jahrhunderten leben, hat unserm Geiste alle vigueur benommen. Es ist nicht unsere Schuld; allein wir können nicht läugnen, daß der natürliche Trieb zur Freiheit in uns alle Thätigkeit verloren hat. Er hat sich in eine Mönchstugend verändert, und äußert sich bloß im *Beten* und *Leiden*, nicht im *Wirken*."[5]

Wo Mendelssohn helfen konnte, tat er es unter Ausnutzung seiner persönlichen Verbindungen und seines persönlichen Ansehens. Er machte seinen Einfluß bei Lavater geltend, als sich die jüdischen Bewohner von Endingen und Lengnau, den einzigen Ortschaften der „freien" Schweiz, wo Juden unter sehr beschränkten bürgerlichen Rechten leben durften, an ihn mit der Bitte wandten, sich für eine nicht noch weitere Einschränkung ihrer ohnehin schon sehr geringen Rechte zu verwenden. Am 14. April 1775 richtete Mendelssohn an Lavater ein Schreiben, in dem er den „verehrungswürdigen Menschenfreund" beschwor, „sich dieser bedrängten Menschenkinder anzunehmen", und durch seinen Einfluß und sein Ansehen zu bewirken, daß ihnen „wenigstens ihre alten, hergebrachten Freiheiten" erhalten bleiben.[6] Mendelssohn und Lavaters Eingreifen war es zu verdanken, daß die Privilegien der jüdischen Bewohner von Endingen und Lengnau nicht noch weiter geschmälert wurden.

Ein anderer Fall, bei dem Mendelssohn helfen konnte, trat zwei Jahre später ein. Einer Anzahl Juden drohte im Herbst 1777 die Ausweisung aus Dresden, sofern sie nicht sofort alle ausstehenden Steuern bezahlten. Die drakonischen Bestimmungen der neuen, am 15. September 1772 erlassenen „Judenordnung für die Residenzstadt Dresden" sollten auf diese Weise Anwendung finden. Auf Bitten von Samuel Halberstadt, des Vorstehers der Dresdener Gemeinde, wandte Mendelssohn sich an Thomas von Fritsche, den sächsischen Gesandten in Berlin, sowie an den Kabinettsrat Friedrich Wilhelm Freiherr von Ferber (1732–1808), den Mendelssohn bei einem Dresden-Aufenthalt im August 1776 kennengelernt hatte. An Ferber schrieb er am 19. Februar 1777 einen Brief, der mehr als eine Petition, fast schon eine Anklage ist: „In der äußersten Bestürzung und Niedergeschlagenheit, darin ich mich befinde, wage ich es, mit dem kindlichsten Vertrauen, zu Ihnen großmüthiger Menschenfreund! meine Zuflucht zu nehmen, und mit der innigsten Wehmuth um Ihren hülfreichen Beistand zu flehen. Gnädiger Herr! ich vernehme mit der letzten Post, daß viele Hunderte meiner Mitbrüder aus Dresden vertrieben werden sollen . . . Gütiger, allwohlthätiger Vater! wo sollen diese Elenden mit ihren schuldlosen Weibern und Kindern hin? wo Schutz und Schirm finden? . . . Das Vertreiben ist für einen Juden die härteste Strafe: mehr als bloße Landesverweisung, gleichsam Vertilgung von dem Erdboden Gottes, auf welchem das Vorurtheil ihn von jeder Gränze mit gewaffneter Hand zurückweist. Und diese härteste Strafe sollen Menschkinder leiden ohne Schuld und Vergehung, bloß weil sie andern Grundsätzen zugetan und durch Unglück verarmt sind?"[7]

Die Kontroversen mit Lavater, Kölbele und deren Anhängern hatten Mendelssohn den Ruf eingebracht, nicht nur ein gelehrter Mann, sondern auch ein ausgewiesener Sachverständiger in Fragen der jüdischen Religion zu sein. Seine Glaubensbrüder wandten sich an ihn, wenn sie seinen Rat benötigten. Das geschah z. B. im sogenannten Begräbnisstreit,[8] der ausgelöst worden war durch die Klage über die am 30. April 1772 erlassene Anordnung des Herzogs Friedrich von Mecklenburg-Schwerin, die Juden seines Landes sollten ihre Toten wenigstens drei Tage unbegraben lassen. Zur Stellungnahme aufgefordert, erklärte Mendelssohn zur Überraschung der meisten Orthodoxen, daß er nicht begreife, warum die Schweriner Gemeindevertretung sich über eine so „heilsame Verordnung" aufrege. Nach seinem Dafürhalten würde es keine Gesetzesübertretung sein, wenn die Mecklenburger Juden der landesherrlichen Anordnung folgten. Er halte die Regelung für durchaus vernünftig, und rate, eine Leichenhalle auf dem jüdischen Friedhof zu bauen. Erwiesenermaßen sei kein sicheres Kennzeichen für einen wirklich erfolgten Tod vorhanden. Puls- und Herzschlag, sowie das Atemholen könnten bisweilen gänzlich aufhören, ohne daß der Tod wirklich eingetreten sei. Solange der Körper nicht in Verwesung überginge, solange könnte man nicht unterscheiden, ob es sich um Ohnmacht oder Tod handele.[9] Der Streit weitete sich aus, als der in Altona als Privatgelehrter lebende fromme Jakob Emden (1696–1776)[10] vom talmudisch-rabbinischen Standpunkt den Nachweis zu führen suchte, daß der unter den Juden seit altersher verbreitete Brauch der sofortigen Bestattung schon seinen Sinn habe, daß auf die Ansichten der Ärzte in religionsgesetzlichen Fragen nichts zu geben sei. Eine Einigung konnte nicht erreicht werden. Erst Jahre später wurde der Streit beigelegt und im Sinne Mendelssohn gelöst.

Eine große Bedeutung kommt Mendelssohns Arbeit bei der Zusammenstellung der „Ritualgesetze der Juden"[11] zu. Der Grund, daß Mendelssohn diese Aufgabe übernahm, war der, daß es der preußischen Justiz an Kenntnis der jüdischen Bestimmungen (Eheangelegenheiten, Erbschaften, Testamente, Vormundschaften u. a.) fehlte. Bereits im Oktober 1770 war an die Berliner Ältesten der Befehl ergangen, eine ausführliche Darstellung ihrer Ritualgesetze einzureichen, „die zur Richtschnur sowohl für die staatlichen als auch die jüdischen Gerichte dienen sollten".[12] Der Berliner Oberrabbiner Hirschel Lewin (1721–1800) übernahm die Aufgabe, wobei die entscheidende Arbeit von Mendelssohn geleistet wurde. Er übersetzte die „Ritualgesetze der Juden" ins Deutsche und brachte sie in ein wissenschaftlich klares System. Das Werk, das 1778 im Verlag von Christian Friedrich Voß in Berlin erschien, sollte den Gerichten als Grundlage der Rechtssprechung dienen, vor allem dann, wie es im „Vorbericht" heißt, „wenn Rechte der Juden gegen Juden von Sachwaltern vertheidiget und von Richtern entschieden werden müssen, die der rabbinischen Sprache und Gelehrsamkeit unkundig sind".[13] Es ist in diesem Zusammenhang aufschlußreich, daß Friedrich II. die Ritualgesetze nie bestätigt hat, sie sind auch – wie es die jüdischen Gemeindeältesten anfangs selbst gewünscht hatten – nie als bindend im Sinne eines Gesetzbuches betrachtet worden. Daß das Werk dennoch nicht umsonst verfaßt, sondern sogar einem praktischen Bedürfnis entgegenkam, wird deutlich daran, daß es mehrere Auflagen erlebte und in den jüdischen Gemeinden Berlins und anderer Städte noch lange Zeit als eine Art Ratgeber in Streitigkeiten zivilrechtlicher Art benutzt wurde.

Einigen Verdienst erwarb Mendelssohn sich auch bei der Neufassung des „Judeneides" (more judaica), der in Gerichtsverfahren von den Juden im Mittelalter bis in die neueste Zeit hinein unter besonderem Zeremoniell und in besonderen Formeln geleistet werden mußte. Mendelssohn unterzog sich dieser Arbeit auf Bitten des mit ihm befreundeten Assistenzrates Ernst Ferdinand Klein (1743–1810), der seit 1781 an der Ausarbeitung des strafrechtlichen Teils des Preußischen Allgemeinen Landrechts beteiligt war und Mendelssohn häufig in rechtsphilosophischen Fragen um Rat anging. Hätte Mendelssohn seinen Überzeugungen folgen, hätte er nicht Rücksicht auf die Rabbinen und die Behörden nehmen müssen, dann wäre der „Judeneid" vielleicht schon damals aus den preußischen Gesetzesbüchern verschwunden. Immerhin war es seinem Einfluß zu verdanken, daß die „Ermahnungsformel beim Judeneide"[14] nicht mehr in jüdisch-deutschen Worten, sondern in deutscher Sprache abgefaßt wurde. „Ich fürchte", schrieb er am 29. August 1782 an Klein, „dieser Jargon hat nicht wenig zur Unsittlichkeit des gemeinen Mannes beygetragen, und verspreche mir sehr gute Wirkung von dem unter meinen Brüdern seit einiger Zeit aufkommenden Gebrauche der reinen deutschen Mundart. Wie würde es mich kränken, wenn die Landesgesetze selbst jenem Missbrauche beider Sprachen gleichsam das Wort redete!"[15]

Was Mendelssohn wollte, was ihm in Gedanken vorschwebte, war den in Deutschland lebenden Juden die deutsche Kultur näher zu bringen. Es war Mendelssohn klar, daß dies nicht ein Bildungs-, sondern vor allem ein Sprachproblem war. Es war ihm nicht entgangen, daß die jüdisch-deutsche Mundart, der sogenannte Jargon, den die meisten seiner Glaubensbrüder sprachen, sich ungünstig auf das Zusammenleben zwischen Juden und Deutschen auswirkte. Mendelssohn war nun der Auffassung, daß wenn die Juden erst einmal die deutsche Sprache beherrschten, wenn jüdischer Geist und deutsche Kultur in eine Symbiose eingetreten, dann würden die Ghettotore sich öffnen, die Juden als gleichberechtigte Bürger anerkannt werden. Eine der Möglichkeiten, dieses Ziel zu erreichen, schien Mendelssohn die Neuübersetzung der Bibel aus dem Hebräischen ins Deutsche zu sein. Luther hatte zwar schon eine deutsche Übersetzung des Alten und des Neuen Testamentes geschaffen, diese beruhte aber auf der lateinischen „Vulgata", nicht auf dem hebräischen Text und wurde deshalb in jüdischen Kreisen nicht anerkannt. Mendelssohn erhoffte von einer Neuübersetzung, schon dadurch, daß künftige Generationen seiner Glaubensbrüder die Bibel in deutscher Sprache zu lesen in der Lage wären, die Juden empfänglicher für die deutsche Kultur zu machen.[16]

Als er sich entschloß, den Pentateuch, die fünf Bücher Moses, zu übersetzen, war er sich der Tragweite des Unternehmens durchaus bewußt. „Nach dem ersten Plane meines Lebens", schrieb er am 29. Juni 1779 an August von Hennings, „so wie ich ihn in meinen besseren Jahren entwarf, war ich weit entfernt, jemals ein Bibelherausgeber oder Übersetzer zu werden. Ich wollte mich blos darauf einschränken, des Tages seidene Zeuge verfertigen zu lassen und in Nebenstunden der Philosophie einige Liebkosungen abzugewinnen. Es hat aber der Vorsehung gefallen, mich einen ganz andern Weg zu führen. Ich verlohr, infolge der Lavaterschen Zudringlichkeit, die Fähigkeit zu meditieren und mit ihr anfangs den größten Theil meiner Zufriedenheit. Nach einiger Untersuchung fand ich, daß der Überrest meiner Kräfte noch hinreichen könne, meinen Kindern und vielleicht einem ansehnlichen Theile meiner Nation einen guten Dienst zu erzeigen, wenn ich ihnen eine bessere Übersetzung und Erklärung der heiligen Bücher in die Hände gebe, als sie bisher gehabt. Dieses ist der erste Schritt zur Cultur, von welcher meine Nation leider! in einer solchen Entfernung gehalten wird, daß man an der Möglichkeit einer Verbesserung beinahe verzweifeln möchte. Ich hielt mich indessen für verbunden, das Wenige zu thun, was in meinem Vermögen steht und das Uebrige der Vorsehung zu überlassen, die sich zur Ausführung ihres Plans mehrentheils mehr Zeit nimmt als wir übersehen können."[17]

Wann Mendelssohn mit der Übersetzung begonnen hat, läßt sich nicht exakt bestimmen. Einige Hinweise deuten auf das Jahr 1774 hin. Daß er sich schließlich an die Arbeit machte, ist dem Drängen des Schriftstellers und hebräischen Grammatikers Salomon Dubno (1738–1813) zu verdanken, der Mendelssohn überredete, die Übersetzung, versehen mit einem Kommentar, nicht nur zum Gebrauch für seine Kinder, sondern für eine größere Öffentlichkeit anzufertigen. Im Sommer 1778 erschien unter dem Titel

„Alim Li-Terufa" (Blätter der Heilung) eine Art Leseprobe mit der zur Subskription der in Arbeit befindlichen Bibelübersetzung aufgefordert wurde. Es handelte sich bei dieser Leseprobe um ein schmales Heft, das neben Auszügen aus den Fünf Büchern Moses noch die Elegie an die Burg Zion von Jehuda Halevi enthielt. Bemerkenswert war, daß Mendelssohn sich zu einer deutschen Übersetzung mit hebräischen Buchstaben entschlossen hatte. In der von Dubno verfaßten „Vorrede", mit der die Leseprobe eingeleitet wurde, sind die Grundsätze genannt, die den Übersetzer leiteten, es werden die Kommentatoren aufgeführt, die berücksichtigt werden, und es wird schließlich die Versicherung abgegeben, daß der Übersetzer der „weitberühmte Gelehrte, Herr Moses Dessau"[18] sei, der jeden Vers, jeden Abschnitt, drei bis vier mal mit den vier größten und angesehensten jüdischen Kommentatoren[19] verglichen habe, damit die Übersetzung „getreu und deutlich", damit nichts an ihr auszusetzen sei.

Das Vorhaben erregte Aufsehen. Freunde und Bewunderer unterstützten Mendelssohn, indem sie sich im voraus zur Abnahme des Werkes verpflichteten.[20] Aufgeklärte Rabbiner äußerten sich zustimmend. Hirschel Lewin (1721–1800) in Berlin schrieb eine für Mendelssohn sehr schmeichelhafte „Approbation" und sprach darin die Hoffnung aus, daß die Übersetzung den Erfolg haben solle, der ihr zustünde. Sein Sohn Saul, Rabbiner in Frankfurt an der Oder, vertrat die Ansicht, daß die mit dem Kommentar versehene Übersetzung manchen Unkundigen für die deutsche Sprache gewinnen werde. Es sei im übrigen, so meinte er, eine Schande für Israel, daß seine Schullehrer weder hebräisch noch deutsch verständen. „Die Erscheinung ist denkwürdig", erklärte Johann Christoph Doederlein, der Herausgeber der „Theologischen Bibliothek". Zweifelhaft sei nur, ob der Verfasser überhaupt von seinen Glaubensbrüdern verstanden werden würde. „Wir haben", meinte dieser protestantische Theologe, „diese Probe verschiedenen, nicht eben ungelehrten Juden vorgelegt; aber es war ihnen schwer, das Deutsche zu lesen und den Sinn zu finden. Noch sind sehr wenige an Geist, Genie und Sprache so gebildet, daß sie gute und reine Übersetzungen mit Vergnügen und mit Nutzen lesen."[21]

Es fehlte nicht an Stimmen, die sich negativ äußerten, die gegen Mendelssohns Übersetzung polemisierten. Einige Rabbiner waren allein deshalb beleidigt, weil Mendelssohn sie nicht, gemäß dem zur damaligen Zeit üblichen Brauch, um „Approbation" angegangen hatte. Andere, mehr traditionell eingestellte Rabbiner waren darüber empört, daß der geheiligte Text in eine profane Sprache übersetzt werden sollte. Die Rabbiner von Fürth und Altona rügten Mendelssohn öffentlich und belegten das noch gar nicht erschienene Werk mit dem Bann. Mendelssohn mußte sich gegen Angriffe verteidigen, die keinen anderen Zweck hatten, als ihn vor der Öffentlichkeit bloßzustellen. Aber selbst bösartige Äußerungen brachten ihn nicht aus der Ruhe. „So leicht", schrieb er am 29. Juni 1779 seinem Freunde Hennings, „soll es keinem Zeloten gelingen, mein kaltes Blut in Bewegung zu setzen. Ich sehe das Spiel der menschlichen Leidenschaften als eine Naturerscheinung an, die beobachtet zu werden verdient. Wer bei jedem elektrischen Funken zagt und zittert, taugt nicht zum Beobachter."[22]

Mendelssohn übersetzte den ganzen Pentateuch. Ganz allein arbeitete er jedoch nicht an diesem Werk. Es halfen ihm vier junge Gelehrte, die ihm bei der Übersetzung zur Hand gingen, und auch die Ausarbeitung einzelner, hebräisch verfaßter Kommentare übernahmen.[23] Es waren dies neben dem schon genannten Salomo Dubno, der Dichter und Sprachforscher Hartwig Wessely (1726–1805), Herz Homberg (1749–1841), der Erzieher im Hause Mendelssohns, sowie Aron Secharja Jaroslaw, der sich selbst als Schüler Mendelssohns verstand. „Bei dem vierten und fünften Buch", heißt es in der von Mendelssohn verfaßten Einleitung zum Pentateuch, „wurde ich, was den Kommentar betrifft, durch andere mir befreundete und mit Kenntnissen ausgerüstete Männer unterstützt; aus allzu großer Bescheidenheit haben sie es mir aber nicht gestattet, ihren Namen zu nennen."[24]

Der Übersetzung des Pentateuch, die mit ihren Kommentaren vollständig im Frühjahr 1783 vorlag, folgte die der Psalmen, die Mendelssohn über ein Jahrzehnt, von 1770 bis 1783, in Anspruch nahm. Begonnen hatte er mit der Psalmen-Übersetzung in der Zeit seiner Auseinandersetzungen mit Lavater. Jahrelang trug

Mendelssohn, gleichgültig welcher Beschäftigung er gerade nachging, ein mit leeren Papierseiten durchschossenes Psalmenbuch mit sich, aus dem er je nach Stimmung einen Psalm zur Übersetzung wählte, der ihn entweder durch seine Schönheit oder durch seine Schwierigkeit reizte. Johann David Michaelis, dem Göttinger Theologen und Orientalisten, erläuterte Mendelssohn die Motive, die ihn zu einer Bearbeitung der Psalmen bewegten. „Ich muß gestehen", heißt es in einem Brief vom 12. November 1770, „daß ich mit allen Uebersetzungen der Psalmen, die mir bisher zu Gesichte gekommen sind, sehr wenig zufrieden bin, mit den poetischen noch weniger als mit den prosaischen. Wo sie auch zufälliger Weise den Sinn treffen, da verderben sie doch durch das occidentalische Versgebäude das Eigenthümliche der hebräischen Dichtkunst. Allein, wie gesagt, auch den Sinn treffen sie nur zufälliger Weise gleichsam."[25] Mendelssohns Absicht, neben der Übersetzung des Pentateuch und der Psalmen eine vollständige Bibelübersetzung vorzulegen, konnte nicht mehr verwirklicht werden. Sein unerwarteter Tod verhinderte die Ausführung dieses Vorhabens. In seinem Nachlaß fand sich noch das Manuskript der Übersetzung des „Hohen Liedes", die später durch Joel Löwe und Aaron Wolfson mit hebräischem Kommentar versehen herausgegeben wurde.[26]

Mendelssohns Übersetzung des Pentateuch, der Psalmen und anderer biblischer Schriften führte fast allein die Aufklärung unter den Juden Deutschlands herbei. In einem gewissen Sinne hat Heinrich Heine vielleicht doch recht, wenn er die Bibelübersetzung, die von Mendelssohn begonnen und von seinen Nachfolgern zu Ende geführt wurde, der Lutherischen gleichstellt. Für viele Juden, nicht nur in Deutschland, sondern auch im Osten Europas, die nur die jüdisch-deutsche Mundart beherrschten, wurde Mendelssohns Übersetzung ein Hilfsmittel, um einen Zugang zur deutschen Schriftsprache zu finden. Mendelssohns Übersetzungen und Kommentare eröffneten eine Vielzahl vorher nicht gekannter Möglichkeiten. Junge Juden wurden in die Lage versetzt, sich mit den Problemen der neuzeitlichen Literatur, Wissenschaft und Philosophie, aber auch mit den Grundlagen der hebräischen Sprache vertraut zu machen. Es ist von besonderem

Interesse, daß Mendelssohns Pentateuch-Übersetzung, besonders der hebräisch verfaßte Kommentar („Biur"), eine Art Renaissance des Hebräischen einleitete. Es ist das unbestreitbare Verdienst Mendelssohns, neue Wege der Schriftenerklärung erschlossen, die hebräische Sprache erneuert zu haben, die zu dieser Zeit ziemlich heruntergekommen, aus wenig mehr als einer geschmacklosen Zusammenfügung von biblischen, talmudischen, rabbinischen und kabbalistischen Redensarten bestand. Will man Mendelssohns Bedeutung in der hebräischen Literatur, seinen Einfluß auf die kulturelle Entwicklung der Juden, mit wenigen Worten kennzeichnen, so kann man sagen, daß er es war, der dem hebräischen Schrifttum nach Jahrhunderten der Abschließung und der Versteinerung einen universellen Inhalt wiedergab, daß er es war, der das Judentum vom Talmudismus befreite, ihm den Eintritt in die europäische Kultur ermöglichte.

Wichtiger und folgenreicher als Pentateuch- und Psalmenübersetzung war Mendelssohns Eintreten für die politische und soziale Emanzipation der Juden. Seine Fürsprachen, auch wenn er sich das nicht eingestehen wollte, haben mehr bewirkt, als nur in einigen besonderen Fällen der Intoleranz Abhilfe zu schaffen. Sie führten zu einer Reihe schriftlicher Äußerungen und Stellungnahmen, durch welche die Sache der Gleichberechtigung der Juden in das öffentliche Bewußtsein trat, die Frage der Religionstoleranz ein zentrales Thema der Auseinandersetzungen in den gebildeten Kreisen Europas wurde. Mendelssohn selbst hat sich anfangs nur selten zu Problemen der Juden geäußert, da er dies nicht für seine Aufgabe hielt.[27] Es klingt wie eine Aufforderung für andere, aber wie eine Entschuldigung für sich selbst, wenn er an den Freiherrn von Hirschen am 18. Oktober 1785 schrieb: „Ich [habe] es jederzeit mit größerm Vergnügen gesehen, wenn das Vorurtheil der Christen wider die Juden von einem christlichen als von einem jüdischen Schriftsteller bestritten wird . . . Juden müssen sich . . . gar nicht einmischen, um die großmüthige Absicht zu befördern. Sobald dies geschiehet, sobald muß sie auch gemißdeutet und übel aus gelegt werden."[28]

Als sich 1781 elsässische Juden an Mendelssohn wandten mit der Bitte, ihnen ein Mémoire an den französischen Staatsrat zu verfassen, durch das sie eine Besserung ihrer Lage erreichen wollten, zögerte Mendelssohn. Er hatte vollauf mit der Pentateuch-Übersetzung zu tun, außerdem stand es mit seinem Gesundheitszustand nicht zum Besten. Helfen wollte er, denn die Lebensumstände der Juden im Elsaß waren besonders trostlos: Sie hatten dem König, dem Bischof und der Kommune Tributgelder zu zahlen, es war ihnen verboten, sich als Handwerker oder Händler zu betätigen, sie mußten Abgaben errichten, wenn sie den Elsaß verließen und wenn sie es wieder betraten, in der Hauptstadt Straßburg durften sie nicht einmal über Nacht bleiben.

Mendelssohn gelang es, den ihm befreundeten Verwaltungsbeamten Christian Wilhelm Dohm (1751–1820) dafür zu gewinnen, in der Sache der Elsässer Juden tätig zu werden. Dohm war einverstanden, für die Redaktion der Denkschrift an den französischen Staatsrat die Tatsachen zusammenzustellen, sowie für eine wirksame und erfolgversprechende Darstellung des Ganzen Sorge zu tragen. Bei dieser Beschäftigung entstand die Idee, nicht nur auf die Lage der französischen Juden einzugehen, sondern in einer selbständigen Schrift die politische und soziale Lage der Juden überhaupt darzustellen. Vermutlich in Absprache mit Mendelssohn[29] veröffentlichte Dohm 1781 die Schrift mit dem Titel „Über die bürgerliche Verbesserung der Juden",[30] in der vom Standpunkt des aufgeklärten Staates, wie im Interesse der Juden für diese gleiche Rechte und Pflichten mit den übrigen Staatsbürgern gefordert wurde. Im einzelnen verlangte Dohm für die Juden Berufsfreiheit, bedingte Zulassung zu den Staatsämtern, Förderung des jüdischen Handwerks und Zulassung zu der Landwirtschaft. Den Militärdienst für Juden hielt Dohm aus historischen und natürlichen Erwägungen für möglich, aus politischen Gründen sogar für dringend notwendig. In der Schrift heißt es: „Wir [die Christen] waren immer die herrschenden, uns lag es daher ob, dem Juden menschliche Gefühle einzuflößen, daß wir ihm Beweise der unsrigen gäben; wir mußten, um ihn von seinen Vorurteilen gegen uns zu heilen, die eigenen zuerst ablegen. Wenn diese also noch jetzt die Juden abhalten, ein guter Bürger, ein geselliger Mensch zu sein, wenn er Abneigung und Haß gegen die Christen fühlt, wenn er sich durch die Gesetze der Redlichkeit gegen ihn nicht so wie gegen seine Glaubensgenossen gebunden glaubt; so ist dies *unser Werk* . . . *Wir* sind der Vergehungen schuldig, deren wir ihn anklagen; und die sittliche Verderbtheit, in welche diese unglückliche Nation jetzt durch eine fehlerhafte Politik versunken ist, kann kein Grund sein, die fernere Fortdauer der letzteren zu rechtfertigen."[31]

Was die Lage der Juden im Elsaß anbetraf, so brachte Dohms Veröffentlichung, dem als Anhang jenes „Mémoire sur l'etat des Juifs en Alsace"[32] beigefügt war, nur eine geringe Besserung. Sie führte zwar zur Aufhebung des impôt du pied forchu („Huf-Steuer"), die für Tiere und Juden beim Betreten einer Stadt erhoben wurde. Weitere Erleichterungen für die Elsässer Juden konnten jedoch nicht erreicht werden. Bedeutsamer war schon, daß mit Dohm sich zum ersten Mal eine christliche Stimme erhoben hatte, die sich nachdrücklich für die Belange der Juden einsetzte. Lessing und Dohm nennt Mendelssohn denn auch zusammen als diejenigen, die – jener als „philosophischer Dichter", dieser als „philosophischer Staatskundiger" – zuerst nicht mehr für die Duldung, sondern für die Rechte der Juden eingetreten seien.

Dohm selbst hat nicht daran geglaubt, daß seine Schrift eine unmittelbare praktische Wirkung haben würde.[33] Als er die Schrift Friedrich II. einschickte, versprach er sich vermutlich davon kaum mehr, als das höfliche Dankschreiben, das er erhielt.[34] Es bedurfte erst der umwälzenden Ereignisse der Französischen Revolution und der napoleonischen Zeit, ehe die Juden in Deutschland wenigstens die bürgerliche Gleichstellung im Ansatz erlangten, für die Dohm dreißig Jahre vorher mit Gründen der Geschichte und der Vernunft eingetreten war. Aber die Gleichstellung wäre doch nicht möglich gewesen ohne die vorausgegangene Sinneswandlung auf beiden Seiten; und diese war nicht zuletzt eine Frucht der in den letzten Jahrzehnten des 18. Jahrhunderts nicht mehr abreißenden Diskussion der „Judenfrage", an der sich Schriftsteller aller Parteien und Konfessionen – und nach anfänglichem Zögern – schließlich mehr und mehr die Juden selbst beteiligten. Es ist das unbestreitbare Verdienst von Dohm, mit seinem Werk die Diskussion der „Judenfrage" in die breite

Öffentlichkeit getragen zu haben. Erstmals war mit diesem Werk eine unfassende und fundierte Grundlage geliefert worden, an der sich das Für und Wider der Meinungen entzünden konnte. Seit dem Erscheinen dieser bald über die Grenzen Preußens bekannten Schrift verging jedenfalls kein Jahr mehr, das in Deutschland nicht wenigstens eine Broschüre hervorgerufen hätte, in der für oder gegen die bürgerliche Gleichstellung der Juden gestritten wurde.

Auch Moses Mendelssohn fühlte sich nach dem Erscheinen von Dohms Schrift zu einer Stellungnahme veranlaßt. Er tat dies in einer ausführlichen Vorrede[35] zu der 1783 auf seine Veranlassung in deutscher Übersetzung erschienenen Schrift „Rettung der Juden" des Amsterdamer Rabbis Manasse ben Israel, die 1656 verfaßt, eine an Cromwell gerichtete Verteidigung der Juden gegen die vor dem englischen Parlament gegen sie erhobenen Anschuldigungen darstellte. Mit dem Blick auf gehässige Rezensenten der Dohmschen Schrift erklärte Mendelssohn: „Merkwürdig ist es, zu sehen, wie das Vorurtheil die Gestalten aller Jahrhunderte annimmt, uns zu unterdrücken und unserer bürgerlichen Aufnahme Schwierigkeiten entgegen zu setzen. In jenen abergläubischen Zeiten waren es Heiligthümer, die wir aus Muthwillen schänden, Crucifixe, die wir durchstechen und bluten machen; Kinder, die wir heimlich beschneiden und zur Augenweide zerfetzen; Christenblut, das wir zur Osterfeier brauchen; Brunnen, die wir vergiften usw.; Unglaube, Verstocktheit, geheime Künste und Teufeleien, die uns vorgeworfen, um derentwillen wir gemartert, unsers Vermögens beraubt, ins Elend gejagt, wo nicht gar hingerichtet worden sind. Jetzt haben die Zeiten sich geändert, die Verleumdungen machen den erwünschten Eindruck nicht mehr. Jetzt ist es gerade Aberglaube und Dummheit, die uns vorgerückt werden; Mangel an moralischem Gefühle, Geschmack und feinen Sitten, Unfähigkeit zu Künsten, Wissenschaften und nützlichen Gewerben, hauptsächlich zu Diensten des Krieges und des Staates, unüberwindliche Neigung zu Betrug, Wucher und Gesetzlosigkeit, die an die Stelle jener gröbern Beschuldigungen getreten sind, uns von der Anzahl nützlicher Bürger auszuschließen und aus dem mütterlichen Schosse des Staates zu verstossen. Vormals gab man sich um uns alle ersinnliche Mühe, und machte mancherlei Vorkehrungen, uns nicht zu nützlichen Bürgern, sondern zu Christen zu machen, und da wir so hartnäckig und verstockt waren, uns nicht bekehren zu lassen, so war dieses Grund genug, uns als eine unnütze Last der Erde zu betrachten und dem verworfenen Scheusale alle Gräuel anzudichten, die ihn dem Hasse und der Verachtung aller Menschen bloss stellen konnten. Jezt hat der Bekehrungseifer nachgelassen. Nun werden wir vollends vernachlässigt. Man fährt fort uns von allen Künsten, Wissenschaften und andern nützlichen Gewerben und Beschäftigungen der Menschen zu entfernen; versperrt uns alle Wege zur nützlichen Verbesserung, und macht den Mangel an Cultur zum Grunde unserer ferneren Unterdrückung. Man bindet uns die Hände und macht uns zum Vorwurfe, daß wir sie nicht gebrauchen."[36]

Mendelssohn begrüßte den Vorstoß Dohms, hatte aber auch an einigen Passagen der Dohm'schen Schrift Kritik anzumelden. Ihm paßte nicht das Bild, das Dohm von den Juden der Zeit entwarf. Er äußerte Bedenken gegenüber Dohms Vorschlag, den Juden zur Handhabung ihrer kirchlichen Angelegenheiten das jüdische Recht und die jüdische Jurisdiction zu überlassen.[37] Überhaupt nicht einverstanden war er mit dem von Dohm in Vorschlag gebrachten Bann- und Ausschließungsrecht, da er meinte, daß niemand, auch kein Rabbiner und kein Gemeindevorsteher, die Macht haben sollte, einen anderen wegen dessen religiöser und philosophischer Überzeugungen zu bestrafen: „Die wahre, göttliche Religion maßt sich keine Gewalt über Meinungen und Urtheile an, gibt und nimmt keinen Anspruch auf irdische Güter, kein Recht auf Genuß, Besitz und Eigenthum, kennt keine andere Macht, als die Macht durch Gründe zu gewinnen, zu überzeugen, und durch Ueberzeugung glückselig zu machen. Die wahre, göttliche Religion bedarf weder *Arme noch Finger* zu ihrem Gebrauche, sie ist lauter *Geist* und *Herz*."[38]

Eindringlich beschwor Mendelssohn die Rabbiner und Gemeindevorsteher, auf den Bann und die Ausschließung zu verzichten. Sie hätten bisher selbst so viel Intoleranz erleiden müssen, daß es unverständlich wäre, wenn auch sie sich intoleranter

Machtmittel gegenüber den eigenen Glaubensbrüdern bedienen würden. „Alle Völker der Erde", heißt es schließlich am Schluß der „Vorrede", „schienen bisher von dem Wahne bethört zu sein, dass sich Religion nur durch eiserne Macht erhalten, Lehren der Seeligkeit nur durch unseliges Verfolgen ausbreiten, und wahre Begriffe von Gott, der, nach unser aller Geständniß, die Liebe ist, nur durch Wirkung des Hasses mittheilen lassen. Ihr ließet euch vielleicht verleiten, Ebendasselbe zu glauben, und die Macht zu verfolgen war das euch wichtigste Vorrecht, das eure Verfolger Euch einräumen konnten. Danket dem Gotte Eurer Väter, danket dem Gotte, der die Liebe und die Barmherzigkeit selbst ist, daß jener Wahn sich nach und nach zu verlieren scheint. Die Nationen dulden und ertragen sich einander, und lassen auch gegen Euch Liebe und Verschonung blicken, die unter dem Beistande Desjenigen, der die Herzen der Menschen lenkt, bis zur wahren Bruderliebe anwachsen kann. O meine Brüder, folget dem Beispiel der Liebe, so wie ihr bisher dem Beispiele des Hasses gefolgt seid! Ahmet die Tugend der Nationen nach, deren Untugend Ihr bisher nachahmen zu müssen geglaubt. Wollet Ihr gehegt, geduldet und von Andern verschont sein, so heget und duldet und verschonet Euch unter einander! *Liebet, so werdet ihr geliebt werden!*"[39]

Vermutlich waren es die Schriften Dohms, sowie die Reaktionen auf die „Vorrede" zu Manasse ben Israels „Rettung der Juden", die Mendelssohn veranlaßten, seine Grundsätze über Staat und Religion in aller Offenheit darzulegen. Er tat dies in einem epochemachenden Buch, das er 1783 unter dem Titel „Jerusalem, oder über religiöse Macht und Judentum"[40] veröffentlichte. Bei seinem Erscheinen war das Werk in der Öffentlichkeit Tagesgespräch. Daß ein rechtloser Jude das Recht in Anspruch nahm, sich für seine unterdrückten Glaubensbrüder einzusetzen, war schon ein ungewöhnliches Ereignis. Staunen und Bewunderung aber erregte es, daß dieser Jude es wagte, freimütig und ohne Hemmungen das Verhältnis von Staat und Kirche zu erörtern, daß dieser Jude nicht davor zurückscheute, für Denk-, Glaubens- und Gewissensfreiheit, für Gleichheit aller vor dem Gesetz, für Toleranz und religiöse Duldung einzutreten.

Gleich zu Anfang seines Buches wies Mendelssohn auf den Widerspruch zwischen Staat und Religion[41] hin. Seit Jahrhunderten sei es ein Problem, eine der schwersten Aufgaben, „Staat und Religion – bürgerliche und geistliche Verfassung – weltliches und kirchliches Ansehen – diese Stützen des gesellschaftlichen Lebens so gegeneinander zu stellen, dass sie sich die Wage halten . . ." Bisher sei keine Lösung gefunden worden. Mit den Lehren eines Thomas Hobbes oder John Locke komme man nicht weit. Notwendig sei es aber, den wechselweisen Einfluß zu berücksichtigen, den Staat und Religion auf die „Glückseligkeit des bürgerlichen Lebens" haben. Staat und Religion hätten zwar ein gemeinsames Ziel, die Mittel dieses Ziel zu erreichen, seien jedoch sehr unterschiedlicher Natur. Der Staat erreiche durch Gesetze, was er erreichen will. Ganz anders die Religion. Sie kenne keine Handlung ohne Gesinnung, kein Werk ohne Geist, keine Übereinstimmung im Tun, ohne Übereinstimmung im Sinn. Der wesentliche Unterschied zwischen Staat und Religion sei der, daß der Staat gebiete und Zwang ausübe, die Religion hingegen belehre und überrede. „Der Staat", meinte Mendelssohn, „hat *physische* Gewalt und bedient sich derselben, wo es nöthig ist; die Macht der Religion ist *Liebe* und *Wohlthun*. Jener [der Staat] giebt den Ungehorsamen auf und stösst ihn aus. Diese [die Religion] nimmt ihn in ihren Schooß, und sucht ihn noch in dem letzten Augenblicke seines gegenwärtigen Lebens, nicht ganz ohne Nutzen, zu belehren, oder doch wenigstens zu trösten."[42]

Welchen Einfluß räumte Mendelssohn nun aber dem Staat ein? Sollte er das Recht haben, sich in religiöse Streitigkeiten einzumischen, sollte er bestimmte Lehrmeinungen besonders begünstigen dürfen? Mendelssohn gestand dem Staat zwar das Recht zu, in bestimmten Fällen einzuschreiten, aber nur dann, wenn die ethischen und sozialen Grundlagen des Staates gefährdet, die Staatsautorität durch Atheismus, Epikureismus oder Fanatismus in Frage gestellt sein sollte. Grundsätzlich war er der Auffassung, daß der Staat in Fragen der Religion eine Haltung der Neutralität einzunehmen habe. Für verkehrt hielt Mendelssohn es aber auch, wenn die Kirche die Staatsgewalt für sich in Anspruch nehmen sollte. Gesinnungen, Meinungen und Überzeugungen dürften weder durch den Staat noch durch die Kirche irgendwelche Einschränkungen erfahren: „Grundsätze sind frei, Gesinnungen leiden ihrer Natur nach keinen Zwang, keine Bestechung. Sie gehören dem Erkenntnisvermögen des Menschen, und müssen nach dem Richtmaaße von Wahrheit und Unwahrheit entschieden werden ... Weder Kirche noch Staat haben also das Recht, Grundsätze und Gesinnungen der Menschen irgend einem Zwange zu unterwerfen. Weder Kirche noch Staat sind berechtiget, mit Grundsätzen und Gesinnungen Vorzüge, Rechte und Ansprüche auf Personen und Dinge zu verbinden, und den Einfluss, den die Wahrheitskraft auf das Erkenntnisvermögen hat, durch fremde Einmischung zu schwächen."[43]

Die zweite Hälfte [„Abschnitt"] von Mendelssohns „Jerusalem" beschäftigt sich damit, die in der ersten Hälfte entwickelten rechtsphilosophischen und kirchenpolitischen Prinzipien auf die bürgerliche und staatsbürgerliche Stellung der Juden zur Anwendung zu bringen. Mendelssohn weist nach, daß die jüdische Religion den aufgestellten Grundsätzen nicht widerspricht. Im Gegenteil. Staat und Religion sind im alten Judentum vollständig vereinigt, sind ein und dasselbe. Das Judentum ist nach Mendelssohns Dafürhalten keine „geoffenbarte Religion", sondern „geoffenbartes Gesetz". Anders als das Christentum kenne es kein Dogma. Das Judentum habe göttliche Gesetze, Gebote, Befehle, Lebensregeln, Unterricht vom Willen Gottes, aber keine Lehrmeinungen, keine Heilswahrheiten, keine allgemeinen Vernunftsätze. „Diese", heißt es in Mendelssohns Worten, „*offenbaret* der Ewige uns, wie allen übrigen Menschen, allezeit durch *Natur* und *Sache*, nie durch *Wort* und *Schriftzeichen*."[44] Seinem Landsmann Wolff Dessau (1751–1784) schrieb Mendelssohn am 11. Juni 1782: „Das jetzige Judenthum hat, eben so wie das vormalige, keine eigentliche Symbole des Glaubens. Es sind uns sehr wenig Grundsätze und Lehrmeinungen vorgeschrieben. Maimon[45] zählte derselben 13, Albo[46] nur 3; und Niemand wird den Albo deswegen verketzern. Uns sind Gesetze, Gebräuche, Lebensregeln, Handlungen vorgeschrieben. In Ansehung der Lehrmeinungen sind wir frei. Wo die Meinungen der Rabbiner getheilt sind, kann jeder Jude, der ungelehrte sowohl als der gelehrte, diesem oder jenem beistimmen ..."[47]

Mendelssohn ging es in „Jerusalem" neben dem Beweis, daß das Judentum in sich Vernunftglauben und göttliche Offenbarung, und zwar die Offenbarung der Gesetze und Vorschriften, vereinbare, auch um eine wesentlich praktische Absicht. Er wollte auf die Rechtmäßigkeit der Forderung nach bürgerlicher Emanzipation seiner Glaubensbrüder hinweisen. Am Ende seiner Ausführungen kommt er auf die Prinzipien zu sprechen, die er anfangs über das vernunftgemäße Verhältnis des Staates zu den Religionen überhaupt entwickelt hatte. Er betont, daß die Gesetze und Lebensregeln des jüdischen Volkes auf Offenbarung beruhen, daß diese auf ein einmaliges geschichtliches Ereignis – die Gesetzesverkündigung auf dem Sinai – zurückgehen, daß sie einem einzigen Volk für alle Zeiten gegeben worden sind. Eindringlich wirbt Mendelssohn um Verständnis für die jüdischen Zeremonialgesetze, von denen er weiß, daß sie der bürgerlichen Emanzipation hinderlich sind. Unmißverständlich läßt er jedoch erkennen, daß Abstriche von der Gesetzesoffenbarung nicht möglich sind. Mit deutlicher Anspielung auf die geplanten Reformen und Erziehungsmaßnahmen Josephs II. sagt er: „Wenn die bürgerliche Vereinigung [Emanzipation] unter keiner anderen Bedingung zu erhalten [ist], als wenn wir von dem Gesetze abweichen, . . . so müssen wir lieber auf bürgerliche Vereinigung Verzicht thun."[48] Noch einmal, wie schon am Anfang der Schrift, fordert Mendelssohn Gewissensfreiheit, Gerechtigkeit und Toleranz, wenn er sich am Schluß seiner Ausführungen direkt an die christlichen Völker und Fürsten mit den Worten wendet: „Regenten der Erde! . . . Um Eurer und unsrer Aller Glückseligkeit willen, *Glaubensvereinigung ist nicht Toleranz*, ist der wahren Duldung gerade entgegen! . . . Belohnet und bestrafet keine Lehre, locket und bestechet zu keiner Religionsmeinung! Wer die öffentliche Glückseligkeit nicht stört, wer gegen die bürgerlichen Gesetze, gegen Euch und seine Mitbürger rechtschaffen handelt, den lasset sprechen, wie er denkt, Gott anrufen nach seiner oder seiner Väter Weise, und sein eigenes Heil suchen, wo er es zu finden glaubt. Lasset Niemanden in euren Staaten Herzenskündiger und Gedankenrichter sein; Niemanden ein Recht sich anmaßen, das der Allwissende sich allein vorbehalten hat! Wenn wir dem

Kaiser geben, was des Kaisers ist, so gebet ihr selbst *Gott, was Gottes ist! Liebet die Wahrheit! Liebet den Frieden!*"[49]

Es ist verständlich, daß Mendelssohns „Jerusalem" neben wohlwollenden, auch feindliche Beurteilungen hervorrief. Seine These, die Religion des Judentums bestehe nicht aus bindenden Dogmen und Glaubenssätzen, sondern verkörpere ethische und religiöse, das äußere Leben ordnende Gesetze – diese These war aufregend genug, forderte zu Beifall und Kritik heraus. Es erschienen Rezensionen, Aufsätze, sogar selbständige Bücher, die Pro und Kontra Mendelssohns Schrift Stellung bezogen. „Mendelssohns ‚Jerusalem' habe ich fast dreimal durchgelesen", schrieb Johann Georg Hamann am 4. August 1783 an Johann Gottfried Herder, „und weiß immer weniger, was er sagen will. Es ist mir zwar lieb, daß er ein Jude ist, aber ich verdenke es ihm noch mehr, einer zu sein."[50] Freundlicher war schon die Stellungnahme Mirabeaus, der urteilte: „Le Jerusalem de Mendelssohn mérite d'être traduit dans toutes les langues de l'Europe."[51] Auch Immanuel Kant war von Mendelssohns „Jerusalem" angetan. Am 18. August 1783 schrieb er ihm: „Ich halte dieses Buch vor die Verkündigung einer großen, obzwar langsam bevorstehenden und fortrückenden Reform, die nicht allein ihre Nation, sondern auch andere treffen wird. Sie haben ihre Religion mit einem solchen Grade von Gewissensfreyheit zu vereinigen gewußt, die man ihr gar nicht zugetrauet hätte und dergleichen sich keine andere rühmen kan. Sie haben zugleich die Notwendigkeit einer unbeschränkten Gewissensfreyheit zu jeder Religion so gründlich und so hell vorgetragen, daß auch endlich die Kirche unserer Seits darauf wird denken müssen, wie sie alles, was das Gewissen belästigt und drücken kan, von der ihrigen absondere, welches endlich in Ansehung der wesentlichen Religionspunkte vereinigen muß . . ."[52]

In Mendelssohns „Jerusalem" lassen sich eine ganze Reihe von Widersprüchen feststellen, die bereits den Zeitgenossen auffielen. Die von Mendelssohn vertretene Vereinigung von Vernunftreligion und Gesetzestreue wurde von den meisten nicht verstanden, häufig sogar als ein unauflösbarer Gegensatz empfunden. Es ist, wenn die Sprache auf Mendelssohns „Jerusalem" kommt, meist von einer gewissen Zweideutigkeit, von einem

Schwanken zwischen Philosophie und Rabbinismus, von einem bewußten Zwiespalt seiner Seele die Rede. Es sind dies Einwände, die in mancher Hinsicht zutreffen, aber der Person und dem Werk Mendelssohns nicht gerecht werden. Wenn Mendelssohn seine Glaubensbrüder aufforderte, sich in die Verfassung eines jeden Landes zu schicken, zugleich aber streng nach jüdischem Gesetz zu leben, war das kein Widerspruch, schon gar nicht ein Zwiespalt seiner Seele. Mendelssohn war zutiefst davon überzeugt, daß die Juden an ihren überkommenen Bräuchen und Traditionen festhalten, gleichzeitig aber loyale Staatsbürger sein würden. Dahinter stand die Hoffnung, daß die Umwelt die Juden als Juden akzeptieren werde. Als Aufklärer, als der er sich verstand, war Mendelssohn von der Möglichkeit zutiefst überzeugt, die Hindernisse, die der politischen Emanzipation und der gesellschaftlichen Integration entgegenstanden, könnten aus dem Weg geräumt werden. Er konnte nicht ahnen, daß die Begegnung zwischen Juden und Deutschen an der Intoleranz der einen Seite scheitern würde.

Anmerkungen

1 JubA, Bd. XII/2, S. 200.
2 JubA, Bd. XII/1, S. 52.
3 Es handelt sich bei diesem „Mann vom Stande" vermutlich um den Grafen Rochus Friedrich von Lynar (1708–1781). Vgl. Bertha und Bruno Strauss. Eine Untersuchung zu Moses Mendelssohns Briefwechsel und zur Geschichte der Judenstaatsprojekte, in: Occident und Orient. Festschrift zum 80. Geburtstag von Dr. M. Gaster, hrsg. von Bruno Schindler, London 1936, S. 518–525.
4 JubA, Bd. XII/1, S. 211 f.
5 Ebenda, S. 212.
6 GS, Bd. III, S. 107.
7 GS, Bd. V, S. 544 f.
8 Vgl. Siegfried Silberstein, Moses Mendelssohn und Mecklenburg, in: Zeitschrift für die Geschichte der Juden in Deutschland (= ZGJD), Bd. 1/1929, S. 233–244 und Bd. 2/1930, S. 165–166.

9 Mendelssohn an die Gemeinde zu Schwerin Mai 1772 (vgl. Kayserling[1], S. 557 ff.).

10 Mendelssohn betrachtete sich als einen „Schüler" Jakob Emdens. In einem Brief an Emden vom 30. Juni 1772 bezeichnet er diesen als seinen „Lehrer". (JubA, Bd. XIX, S. 159.)

11 JubA, Bd. VII, S. 109–251.

12 Vgl. Selma Stern, Der preußische Staat und die Juden, Dritter Teil: Die Zeit Friedrich des Großen. Erste Abteilung: Darstellung, Tübingen 1971, S. 127 f.

13 JubA, Bd. VII, S. 111.

14 Ebenda, S. 275–276.

15 GS, Bd. V, S. 605 und JubA, Bd. VII, S. 279.

16 Anfangs hatte Mendelssohn die Übersetzung des Pentateuch nur als Hilfe für die Erziehung seiner Kinder geplant. An Herder schrieb er am 20. Juni 1780: „Auch ich habe Kinder, die ich erziehen soll. Zu welcher Bestimmung? Ob im Sachsen-Gothaischen bey jeder Durchreise ihren jüdischen Kopf mit einem Würfelspiel zu verzollen, oder irgend einem kleinen Satrapen das Märchen von den nicht zu unterscheidenden Ringen zu erzählen, weiß nur der, der uns all unsere Pfade vorgemessen. Meine Pflicht ist, sie so zu erziehen, daß sie in jeder Situation sich von ihrer Seite keine Schande zuziehen, und die ihnen ihre Nebenmenschen unverdient zuwerfen, mit Resignation zu ertragen. Hierauf war es mit der Übersetzung, bei der ersten Unternehmung wenigstens, abgesehen. Das übrige haben die Umstände veranlaßt, als ich mich zur Herausgabe entschloß" (Kayserling[1], S. 543).

17 JubA, Bd. XII/2, S. 148 f.

18 GS, Bd. VII, S. XXV.

19 Gemeint waren R. Salomo ben Isaak („Raschi"), R. Samuel ben Meir („Raschbam"), R. Moses ben Nachman („Ramban") und R. Abraham ben Meir Ibn Esra („Raben").

20 Subskribenten gab es in Berlin (124), in Kopenhagen (95), in Frankfurt/M (49), in Königsberg (48). Aus Österreich und Böhmen kamen 57, aus Polen, Litauen und Rußland 55 Subskriptionszusagen. Vgl. Alexander, Moses Mendelssohn S. 377.

21 Theologische Bibliothek, Bd. 1, Leipzig 1782, S. 156.

22 JubA, Bd. XII/2, S. 148.

23 Von Mendelssohn stammen Vorrede, Übersetzung des Bibeltextes und die Kommentare zu Band 1, Kapitel 1 und zu Band 2. Salomo Dubno verfaßte den Kommentar zu den restlichen Kapiteln des er-

sten Buches, Hartwig Wessely steuerte den Kommentar zum dritten Buch und die am Anfang des zweiten Buches abgedruckte Ode bei. Aron Jaroslaw schrieb den Kommentar zum vierten Buch. Den Kommentar zum fünften Buch bearbeitete Herz Homberg, doch gab er nicht die Erklärungen zum ersten und letzten Kapitel, die mutmaßlich aus der Feder Mendelssohns stammen. Vgl. Meyer, Bibliographie, S. 51, Nr. 250.

24 Einleitung zum Pentateuch, 14a.

25 JubA, Bd. XII/1, S. 233.

26 Vgl. Meyer, Bibliographie, S. 63, Nr. 359.

27 Praktische Arbeit hielt Mendelssohn für wichtiger. Er war z. B. der Mitbegründer der ersten jüdischen Freischule in Berlin, in der versucht wurde, den deutschen Elementarunterricht mit Bibelkunde und Pflege der hebräischen Sprache zu verbinden. Einfluß übte Mendelssohn auch auf die 1784 von Isaac Abraham Euchel und M. Breslau gegründete hebräische Zeitschrift „Ha-Me'asseff" (Der Sammler), die die hebräische Sprache als Literatursprache neu erwecken, darüber hinaus aber den Juden moderne europäische Geistesbildung näher bringen wollte.

28 JubA, Bd. XIII, S. 317.

29 In einem Brief an den Dichter Johann Wilhelm Ludwig Gleim vom 8. September 1781 schrieb Dohm, daß ihn Mendelssohn mitveranlaßt habe, seinen Plan auszuführen. Ob Mendelssohn Mitautor oder ob die Schrift Dohm allein zugeschrieben werden muß, ist strittig. Vgl. Ilsegret Dambacher, Christian Wilhelm Dohm. Ein Beitrag zur Geschichte des preußischen aufgeklärten Beamtentums und seiner Reformbestrebungen am Ausgange des 18. Jahrhunderts, Frankfurt/M 1974, S. 175, Anmerkung 2.

30 In der Geschichtsschreibung wird die Schrift Christian Wilhelm Dohms, Über die bürgerlich Verbesserung der Juden, Berlin und Stettin 1781 (= Dohm I) als „Bibel der Emanzipation" gefeiert. Zeitlich fällt ihr Erscheinen zwar mit der Judengesetzgebung Kaiser Joseph II. zusammen, die Schrift kann aber nicht als direkter Anlaß für diesen Gesetzesakt angesehen werden. Vgl. dazu den Artikel über Dohm in: JL, Bd. II, Sp. 175f., der auf dieses Problem hinweist. Die Auswirkungen der Schrift auf Frankreich waren hingegen offensichtlich. Cerfberr, Mirabeau und der Abbé Grégoire kannten die Schrift Dohms und beriefen sich bei ihren Bemühungen um die Emanzipation der französischen Juden auf sie. Der Schrift „Über die bürgerliche Verbesserung der Juden" aus dem Jahre 1781 ließ Dohm zwei Jahre später

einen zweiten Band folgen, der die Kritik seiner Gegner und Befürworter enthielt.

31 Dohm I, S. 40.

32 Die Schrift ist durch einen seltsamen Zufall nie zur Kenntnis des Staatsrates in Paris gelangt. Vgl. Kayserling², S. 373.

33 Zu den Auswirkungen der Schrift Dohms vgl. H. D. Schmidt, The Terms of Emancipation, 1781–1812. The public Debate in Germany and its effect on the mentality and ideas of German Jewry, in: YBLBI, 1/1956, S. 28 ff.

34 In seinen „Denkwürdigkeiten" schreibt Dohm: „Der Verfasser übersandte seine Schrift dem Könige, und entwickelte in dem Begleitschreiben kurz die Tendenz derselben; er erhielt eine seine Absicht lobende, gültige Antwort. Ein Mehreres war nicht zu erwarten, denn Friedrich war in seinen Regierungsmaximen zu fest, als daß er durch eine deutsche Schrift eines noch jungen Schriftstellers zum nochmaligen Durchdenken derselben hätte bewogen werden können" (Christian Wilhelm Dohm, Denkwürdigkeiten meiner Zeit oder Beiträge zur Geschichte vom letzten Viertel des 18. und vom Anfang des 19. Jahrhunderts, Bd. 4, Lemgo und Hannover 1806, S. 484).

35 GS, Bd. III, S. 179–202.

36 Ebenda, S. 182 f.

37 Über die Unklarheit und Verworrenheit der Rechtsverhältnisse, die die Juden betrafen vgl. Stern, Der preußische Staat und die Juden, S. 114 ff.

38 GS, Bd. III, S. 194 f.

39 Ebenda, S. 202.

40 GS, Bd. III, S. 255–362.

41 Mendelssohn gebraucht die Begriffe „Kirche" und „Religion" synonym. Vgl. Altmann, Moses Mendelssohn, S. 518.

42 GS, Bd. III, S. 269.

43 Ebenda, S. 294.

44 Ebenda, S. 311.

45 Moses Maimonides (1135–1204), jüdischer Denker des Mittelalters.

46 Josef Albo (1380–1445), bedeutender Religionsphilosoph.

47 GS, Bd. V, S. 602 f.

48 GS, Bd. III, S. 357 f.

49 Ebenda, S. 361 f.

50 Hamann's Schriften, hrsg. von Friedrich Roth, Bd. 6, S. 350.

51 Mirabeau, Sur Moses Mendelssohn et sur la réforme politique des Juifs, Leipzig 1853, S. 29.

52 JubA, Bd. XIII, S. 129.

X. Im Streit um Lessing und Spinoza

> Die Deutschen haben sich durch die Naturgeschichte gewöhnt, alles zu classificiren. Wenn sie mit den Gesinnungen und Schriften eines Mannes nicht recht fertig werden können, so ergreifen sie den ersten besten Umstand, bringen den Mann in eine Classe, und machen ihn zum -isten, als wenn damit alles übrige schon gethan wäre.
>
> Aus: An die Freunde Lessings (1786)

Das Jahr 1783 kann man als einen Höhepunkt im Mendelssohnschen Schaffen bezeichnen. In diesem Jahr erschienen neben seinem „Jerusalem" der letzte Band der Psalmen- und der Pentateuchübersetzung. Es war aber auch ein Jahr, das neue Verwicklungen brachte, die Mendelssohn aus dem Arbeitsfeld praktischen Philosophierens und Wirkens wieder in die tiefsten metaphysischen Probleme hineinführen sollten. Der Streit mit dem Philosophen Friedrich Heinrich Jacobi (1743–1819) über den von diesem behaupteten, von Mendelssohn bestrittenen Spinozismus Lessings, beschäftigte die Köpfe des geistigen Deutschland jener Zeit – Kant, Lavater, Herder, Hamann, sogar Goethe, dessen „Prometheus" letzten Endes der äußere Anlaß zu diesem berühmt gewordenen Streit gewesen sein soll.

Um was ging es? Jacobi hatte über die gemeinsame Freundin Elise Reimarus (1735–1805) Mendelssohn wissen lassen, Lessing habe sich kurz vor seinem Tode im Juli 1780 im Gespräch mit ihm zum Spinozismus bekannt. Mendelssohn begriff sehr schnell, daß es Jacobi nicht nur um die Frage ging, ob Lessing Spinozist (und damit – für die Zeitgenossen – dezidierter Atheist) gewesen sei, sondern daß die Grundlagen der Vernunftphilosophie überhaupt zur Debatte standen. Mendelssohn blieb es nicht verborgen, daß er es hier mit einem neuen Vorstoß der „Lavaterschen Partei" zu tun hatte. Der Angriff war nur sehr viel geschickter vorgetragen, als es seinerzeit Lavater getan hatte. Jacobi zielte auf die wichtigsten Motive seines Lebens: auf Lessing, den Rationalismus und auf das Judentum. Es ist daher nur zu verständlich, daß Mendelssohn trotz seiner körperlichen Schwäche, trotz der Aussichtslosigkeit der Verständigung, den Kampf aufnahm.

„Was heißt dieses: Lessing war in seinen letzten Tagen ein entschiedener Spinozist?",[1] fragte Mendelssohn Elise Reimarus. Das Erstaunen, welches Jacobi von ihm wohl erwartet hatte, zeigte Mendelssohn nicht. Wußte er doch, daß Lessing sich mit Spinoza beschäftigt, er selbst mit ihm manche Debatte über die Ethik Spinozas geführt hatte. „Hat Lessing", heißt es in dem Brief an Elise Reimarus vom 16. August 1783, „das System so genommen, wie Bayle[2] es misverstanden, oder wie andere es besser erklärt haben? Wenn Lessing im Stande war, sich so schlechtweg, ohne alle nähere Bestimmung zu dem System irgend eines Mannes zu verstehen; so war Lessing zu der Zeit nicht mehr bey sich selber, oder in einer sonderbaren Laune, etwas Paradoxes zu behaupten, das er in einer ernsthaften Stunde selbst wieder verwarf. In dieser Laune war Lessing im Stande alles zu behaupten, was seine Gegner reitzen konnte . . ."[3] Über seine Freundin forderte Mendelssohn Jacobi auf, ausführlich zu berichten, was, wie, bei welcher Gelegenheit und auf welche Veranlassung Lessing geäußert hätte, er sei ein „entschiedener Spinozist". „Sobald uns . . . Herr Jacobi hierüber befriediget hat, sehe ich nicht ab, warum wir die letzten Gesinnungen unseres Freundes geheimhalten und der Nachwelt verschweigen sollten. Wir sind im Grunde ihm nicht mehr und nicht weniger Gerechtigkeit schuldig, als er selbst den Fragmentisten hat widerfahren lassen. Die Wahrheit kann auch hier nicht anders als gewinnen. Sind seine Gründe seicht; so dienen sie nur zu ihrem Triumphe; sind sie gefährlich; so mag die gute Dame für ihre Verteidigung sorgen. Auch unseres besten Freundes Name soll für die Nachwelt nicht heller glänzen, als er es verdient."[4]

Auf Jacobis ausführlichen Bericht über seine Unterhaltungen mit Lessing antwortete Mendelssohn zunächst in einer umfangreichen Auseinandersetzung, den „Erinnerungen an Herrn J.",[5] die er Jacobi über Elise Reimarus zustellen ließ.[6] Er war bereit, Jacobi förmlich Abbitte zu leisten wegen der Art seiner Herausforderung, zugleich ließ er aber auch erkennen, daß er der Streitfrage auf den Grund gehen wolle. Als Mendelssohn sich schließlich entschloß, seinen Standpunkt in einer eigenen Schrift darzustellen, tat er dies, um vollständige Verwirrung zu vermeiden. Er war bereit, auf den Pantheismus einzugehen, nicht aber auf den Briefwechsel und alles, was Jacobi und Lessing anging. Ihm war klar, daß Jacobi unbeeindruckt bleiben würde. „Mit unserm würdigen Jacobi", schrieb Mendelssohn am 28. Juni 1785 an Elise Reimarus, „wird mich alles dieses nicht zusammenbringen; so viel sehe ich zum voraus. Wie ich mir seinen feurigen Geist vorstelle, wird er alle meine Gründe als bekanntes Schulgeschwätz verwerfen, und der Mühe nicht werth achten, es nochmals zu untersuchen. Ja, er nimmt es mir vielleicht noch übel, daß ich den tiefsinnigen Lehren des Spinoza meine platte Compendien-Weisheit entgegensetze. Am Ende fürchte ich, wir bewirthen uns einander wie der Storch und der Fuchs in der Fabel. Jener läßt in tiefen Flaschen, dieser auf flachen Tellern auftragen. Immer sorgt der Wirth nur für seinen Mund, und läßt den Gast darben."[7]

Die im Oktober 1785 erschienenen „Morgenstunden oder Vorlesungen über das Daseyn Gottes"[8] wären kaum zu diesem Zeitpunkt veröffentlicht worden,[9] wenn Jacobi mit seinen Behauptungen nicht den Anstoß gegeben hätte. Dem leidenden, schwächlichen Mendelssohn war die Kontroverse mit Jacobi in der Seele zuwider. Er ahnte, daß Jacobi überall Spinozas witterte, auch die Leibniz-Wolffsche Philosophie auf Spinoza zurückführte. Schweigen durfte er aber nicht. Er mußte Jacobi Rede stehen, so schwer es ihm auch wurde. In der Vorrede zu den „Morgenstunden", die ursprünglich aus morgentlichen Vorträgen für seinen Sohn Joseph und einige andere lernbegierige Jünglinge[10] hervorgegangen waren, erklärte er mit imponierender Ehrlichkeit, daß die philosophische Position der „Morgenstunden" die der Leibniz-Wolffschen Schule sei. Wortreich entschuldigte er sich, daß eine „Nervenschwäche", an der er seit zwölf bis fünfzehn Jahren leide, ihm jede Anstrengung des Geistes verbiete. Diese Krankheit sei der Grund, daß er die Werke Lamberts, Tetens, Platners und des „alles zermalmenden" Kants nur unvollständig kenne – durch die Berichte seiner Freunde, „oder aus gelehrten Anzeigen, die selten viel belehrender sind".[11] „Ich weiß", erklärte Mendelssohn, „daß meine Philosophie nicht mehr die

Philosophie der Zeiten ist. Die Meinige hat noch allzusehr den Geruch jener Schule, in welcher ich mich gebildet habe, und die in der ersten Hälfte des Jahrhunderts vielleicht allzueigenmächtig herrschen wollte."[12] Eines Seitenhiebes gegen den neuen Trend in der Philosophie konnte Mendelssohn sich jedoch nicht enthalten. Er gab in fast spöttischen Worten seiner Verwunderung darüber Ausdruck, daß die „besten Köpfe Deutschlands" einen „Hang zur *Schwärmerey*" hätten, daß diese „seit kurzem von aller Speculation mit schnöder Wegwerfung"[13] sprächen.

Die „Morgenstunden" war die letzte Schrift Mendelssohns, die noch zu seinen Lebzeiten erschien und als sein philosophisches Testament bezeichnet werden kann. Es ist die systematischste von Mendelssohns größeren Arbeiten. Sie hat die Existenz Gottes als einziges, aber wohl durchdachtes Thema zum Inhalt, das Schritt für Schritt in den siebzehn Vorträgen entwickelt wird. Keine der bisherigen Abhandlungen war so knapp und bündig, war so methodisch in Aufbau und Fragestellung. Weder die „Philosophischen Gespräche", noch die „Briefe über die Empfindungen", auch nicht der Essay, mit dem Mendelssohn den Preis der Akademie gewann, oder der „Phädon", der ihn berühmt gemacht hatte, lassen sich mit den „Morgenstunden" vergleichen.

Die „Morgenstunden" bestehen aus siebzehn zusammenhängenden, nur hier und da durch dialogische Zwischenreden unterbrochenen „Vorträgen", von denen die ersten sieben als Einleitung die erkenntnistheoretischen Betrachtungen über „Wahrheit, Schein und Irrthum" enthalten. Ausgehend von der Frage „Was ist Wahrheit?" gelangt Mendelssohn hier zu dem Schluß, daß es zwei Arten von Wahrheit gibt: eine solche, die sich auf das Denkbare und Nichtdenkbare, und eine solche, die sich auf das Wirkliche und Nichtwirkliche bezieht. Jene hat es mit dem Unveränderlichen der Vernunfterkenntnis zu tun und gründet sich auf den Satz des Widerspruchs; diese hingegen beruht auf den wissenschaftlichen Methoden der Induktion und der Analogie. Die Wahrheit definiert Mendelssohn als eine Wirkung der positiven Seelenkräfte. „*Wahrheit*", heißt es in den „Morgenstunden", „*ist jede Erkenntniß, in so weit sie das positive Vermögen unserer Seele zum Grunde hat; Unwahrheit hingegen, in so weit sie durch das Unvermögen, durch die Schranken unserer positiven Kraft, eine Abänderung erlitten hat.*"[14] Sinnestäuschung und Irrtum sind nur als eine Folge des geistigen Unvermögens aufzufassen. Nicht die Sinne als solche täuschen, sondern die Täuschungen derselben beruhen auf einer unvollständigen Induktion. Das, was aus der unmittelbaren Sinnesanschauung nach dem Satze des Widerspruchs durch Schlüsse abgeleitet wird, ist an sich nicht zweifelhaft.

In den weiteren „Vorträgen" des einleitenden Teils der „Morgenstunden" behandelt Mendelssohn erkenntnistheoretische Probleme und Fragen, insoweit sie der „Vorerkenntnis zur Lehre von Gott" dienen. Wahre Erkenntnisse, meint Mendelssohn, unterscheiden sich voneinander dadurch, daß sie Wohlgefallen oder Mißfallen der Seele erregen. Das Schöne, das Gute, das Erhabene wird von der Seele mit Lust und Wohlgefallen erkannt. Das Häßliche, Böse und Unvollkommene hingegen erregt Unlust und Widerwillen. In diesem Zusammenhang kommt Mendelssohn auf das „Billigungsvermögen" zu sprechen, dem er eine mittlere Stellung zwischen dem eigentlichen Erkenntnisvermögen und dem Begehrungsvermögen einräumt. „Man pflegt", heißt es in Mendelssohns Worten, „gemeiniglich das Vermögen der Seele in Erkenntnißvermögen und Begehrungsvermögen einzutheilen, und die Empfindung der Lust und Unlust schon mit dem Begehrungsvermögen zu rechnen. Allein mich dünkt, zwischen dem Erkennen und Begehren liege das Billigen, der Beyfall, das Wohlgefallen der Seele . . ."[15]

Im achten „Vortrag" wendet sich Mendelssohn dem Hauptteil seiner Untersuchungen zu, der „Lehre von Gott und seinen Eigenschaften". Er will das Dasein Gottes erkennen, vernunftgemäß beweisen. Das vorher festgestellte „Billigungsvermögen" erfährt insofern hier eine Einschränkung, als er gegen Johann Bernhard Basedows (1723–1790) „Glaubenspflicht" Einspruch erhebt. Mendelssohn ist der Meinung, daß es richtig sei, in der wissenschaftlichen Erkenntnis der Wahrheit den Wünschen und Neigungen keinen Platz einzuräumen. Das Untersuchen der Wahrheit ist „eine freywillige Handlung, die durch Erkenntniß des Guten und Bösen regiert wird, und also eine sittliche Notwendigkeit anerkennt, eine Verpflichtung zuläßt".[16] Für verhängnisvoll hält Mendelssohn es, wenn ein Satz als feststehend angenommen, wenn es nicht mehr für nötig erachtet wird, die Gründe zu prüfen, auf welchen dieser Satz beruht. „Allein die Vorurtheile, in welche, durch Trägheit im Untersuchen, die Wahrheit selbst verwandelt wird; der blinde Glaube, mit welchem wir gewissen Sätzen anhängen, ohne sie zu prüfen, führt zu Aberglauben und Schwärmerey, die der Glückseligkeit des Menschen . . . gefährlich sind. Atheismus und Aberglaube, Zweifelsucht und Schwärmerey, sind beides Krankheiten der Seele, die ihr den sittlichen Tod androhen."[17]

Inhaltlich lassen sich die folgenden „Vorträge" in zwei Teile zerlegen. Im ersten versucht Mendelssohn, das Dasein Gottes nach den Gesetzen des Denkens vernunftgemäß zu beweisen. Im zweiten ist er bemüht, den so gefundenen Begriff Gottes gegen den Pantheismus und den Spinozismus zu verteidigen. Mendelssohn bekennt sich in seinen Ausführungen zu einem philosophischen Theismus, wie er etwa bei Rousseau zu finden ist. In seiner Beweisführung geht Mendelssohn u. a. von dem Satz („Ein Gott ist denkbar, also ist ein Gott auch wirklich vorhanden") aus, daß alles Wirkliche von irgend einem denkenden Wesen als wirklich gedacht werden muß. Was nicht wirklich ist, muß entweder unbestimmbar oder unbestimmt sein. Das allerhöchste Wesen kann aber weder unbestimmbar, noch unbestimmt sein, denn es ist durch seine innere Möglichkeit notwendig bestimmt, ist daher notwendig vorhanden.

Ob eine aus dem Nachlaß Mendelssohn erst im Jahre 1843 edierte und nach Angabe der Herausgeber 1784 entstandene Arbeit, die den Titel „Sache Gottes oder die gerettete Vorsehung"[18] trägt, für den zweiten Teil der „Morgenstunden" bestimmt war, wie man lange Zeit angenommen hat, mag dahingestellt bleiben.[19] In der aus 84 Paragraphen bestehenden Abhandlung ging es Mendelssohn wiederum um den Begriff und das Wesen Gottes, um die Entwicklung seiner Eigenschaften (Allmacht, Güte, Weisheit, Gerechtigkeit und Heiligkeit) und seiner sich hieraus ergebenden Beziehungen zur Welt und zum Menschen (Vorsehung, Weltregierung, Allbarmherzigkeit und Liebe). Keine seiner

Schriften läßt besser erkennen, wie stark Mendelssohn von Leibniz beeinflußt war, wie sehr er in den Grundanschauungen mit diesem übereinstimmte. Die „Sache Gottes" ist eine Art religionsphilosophisches Bekenntnis, in dem Mendelssohn versucht, die Leibnizische Theodicee aus der Sicht des Juden anzugehen. Die Annahme ist nicht unwahrscheinlich, daß Mendelssohn mit dieser im Fragment vorliegenden Abhandlung die erste Skizze zu einem größeren und mehr systematisch gehaltenen religionsphilosophischen Werk niedergeschrieben hatte, dessen Ausführung sein plötzlicher Tod verhinderte.

Fast zur gleichen Zeit als Mendelssohns „Morgenstunden" erschienen, hatte Jacobi eine Schrift mit dem Titel „Ueber die Lehre des Spinoza, in Briefen an Herrn Moses Mendelssohn" der Öffentlichkeit übergeben. Die Schrift enthielt die ganze zwischen Mendelssohn, Elise Reimarus und Jacobi gewechselte Korrespondenz.[20] Mendelssohn empfand Jacobis Vorgehen als ausgesprochen rücksichtslos. Der Briefwechsel war, wenigstens was ihn anging, nicht für das große Publikum bestimmt. Jacobis Indiskretion traf ihn tief. „Es liegt", schrieb er am 21. Oktober 1785 an Elise Reimarus, „so etwas verschobenes, so etwas verwickeltes in dem ganzen Betragen dieses Mannes, darein ich mich nicht finden kann . . . Warum ist er Anfangs so vertraulich, um hernach, ohne Grund und Ursach, so argwöhnisch zu seyn? . . . Warum ist er von der einen Seite so keck, um von der andern so furchtsam zu seyn? stößt seinen Nebenmenschen ins Feuer und flieht? reisst Andern die Maske oder wohl gar die natürliche Haut vom Gesicht, um seine eigene Larve undurchdringlicher zu machen? Ich liebe den Umgang mit solchen Leuten nicht . . ."[21]

Es ist nur allzu verständlich, daß die Kontroverse zwischen Jacobi und Mendelssohn auf ein reges öffentliches Interesse stieß. Um die beiden Gegner scharten sich die Freunde und Anhänger, die in der Sache eifrig Partei ergriffen. Wie Jacobi erhielt auch Mendelssohn einige publizistische Unterstützung. Heftig rügte z. B. die „Allgemeine Deutsche Bibliothek" den anmaßenden Ton Jacobis, den dieser in seinen Spinoza-Briefen Mendelssohn gegenüber angeschlagen hatte: „Es herrscht darin ein Übermut, den sich der größte Mann gegen den schwächsten Gegner in einem gelehrten Briefwechsel zu zeigen schämen würde. Und nun denke man sich einen Jacobi gegen einen Mendelssohn! Den Urheber einiger fliegender Blätter gegen den Verfasser des Phaedons und der Briefe über die Empfindungen! . . ."[22]

Mendelssohns „Morgenstunden" erfuhren eine unterschiedliche Resonanz. Hamann äußerte sich in abfälligster Weise. Seine Bemerkung, daß er über diesem Buche beinahe eingeschlafen sei, ist noch vergleichsweise harmlos. „Ich habe diesen Nachmittag wieder von vorn angefangen", schrieb er am 11. Januar 1786 an Jacobi, „und finde statt Geist und Wahrheit bona verba, praetereaque nihil. Einer von beiden muß blind sein, der jüdische Philosoph oder ich. Es ist eitel Taschenspielerei und Gaukelei mit Ihrem Suchen und Finden der Wahrheit. Es ist keine Kunst zu finden, wenn man die Sache selbst hingelegt hat, wo man sie hernehmen will."[23] Und in einem Brief vom 25. März 1786 hieß es: „Gestern setzte ich noch einmal an, die Morgenstunden zu lesen. Es sind nichts wie Wasserblasen . . ."[24] Andere waren in ihrer Beurteilung der „Morgenstunden" freundlicher. Gleim teilte Herder am 10. November 1785 mit: „Diese Nacht . . . las ich Mendelssohns Morgenstunden und freute mich herzlich darüber, daß ich alles von Lessing gesagte so fand, wie ich's selbst gesagt hätte oder hätte sagen mögen. Mendelssohn ist doch ein Mann Gottes!"[25] Ähnlich urteilte Christian Garve, der dem Leipziger Prediger Georg Joachim Zollikofer (1730–1788) am 3. Januar 1786 schrieb: „Was für eine ganz andere Arbeit [als Jacobis] ist Moses seine [die ‚Morgenstunden'‌]! Das Licht, das dem Leser auch aus den abgezogensten Spekulationen entgegenstrahlt, macht alles nicht nur leicht, sondern auch interessant. Die Bücher dieses Mannes sind zur Übung des Denkens vortrefflich."[26]

Auch Immanuel Kant nahm im Streit zwischen Mendelssohn und Jacobi Stellung. Er veranlaßte einen seiner Anhänger, den Hallenser Professor Ludwig Heinrich Jakob (1759–1827) zu einer „Prüfung der Mendelssohnschen Morgenstunden".[27] Seine eigene Stellungnahme gab Kant in einer Art Vorbemerkung[28] zu der Jakobschen Schrift ab. Zwei „Maximen" Mendelssohns sind es, die Kant kritisierte. Die erste, die darin besteht, alle philosophischen Streitigkeiten für bloße Wortstreitigkeiten zu halten. Kant lehnt diesen Grundsatz auf das Nachdrücklichste ab. Auch die andere „Maxime", alle Fragen nach dem An-sich-selbst-Sein eines Dinges abzulehnen, findet nicht seine Zustimmung. Er ist im Gegenteil der Auffassung, daß die Frage, was die Objekte als Dinge an sich selbst mögen, „ganz und gar nicht für sinnleer" gehalten werden kann. In einem Brief an den Redakteur der „Jenaer Allgemeinen Literatur Zeitung" bezeichnete Kant nach dem Tode Mendelssohns die „Morgenstunden" als das „letzte Vermächtnis einer dogmatisierenden Metaphysik", als „ein nie von seinem Werte verlierendes Denkmal der Scharfsinnigkeit".[29] Persönlich stand Kant auf seiten Mendelssohns in dem Streit mit Jacobi. Auch wenn er mit vielem nicht einverstanden war, was Mendelssohn in den „Morgenstunden" äußerte, ein Gegner des Philosophen Mendelssohns war er nicht. Wenn er Mendelssohn das Bestreben unterstellte, „allenthalben Logomachie zu ergrübeln" und „in Logodädalie zu verfallen",[30] war das zwar eine herbe Kritik, die aber nur etwas aussagt über die unterschiedliche Einschätzung mancher Fragen. Grundsätzlich hatte Kant von Mendelssohn eine hohe Meinung, die er wiederholt zum Ausdruck brachte. „Es sind nur wenige so glücklich", hatte er ihm am 16. August 1783 geschrieben, „vor sich und zugleich in der Stelle anderer dencken und die ihnen allen angemessene Manier im Vortrage treffen zu können. Es ist nur ein Mendelssohn."[31]

Immer mehr ging, wie aus dem Briefwechsel von Herder, Jacobi, Garve u. a. zu ersehen ist, der Streit zwischen Mendelssohn und Jacobi über seinen ursprünglichen Anlaß hinaus. Allmählich nahm die Auseinandersetzung den Charakter einer allgemeinen Debatte über die Berechtigung des Spinozismus und Pantheismus überhaupt an. Mendelssohn war an dieser Debatte zwar interessiert, mehr jedoch daran, das Andenken seines verstorbenen Freundes Lessing gegen Jacobis Beschuldigung des Spinozismus und Atheismus in Schutz zu nehmen. Das Verhalten Jacobis war zu verletzend und herausfordernd gewesen, als das Mendelssohn sich nicht zu einer öffentlichen Entgegnung hätte veranlaßt sehen sollen. Er wollte die Gründe und Gegengründe vor der Öffentlichkeit darlegen, die Geschichte seines Briefwechsels mit Jacobi ergänzen und die ihm nötig erscheinenden Anmerkungen machen.

Die erst nach dem Tode Mendelssohns erschienene Schrift „An die Freunde Lessings"[32] entfachte das Feuer des Für und Wider in dem Streit um Lessing aufs Neue. In einem Brief, den er am 27. Februar 1786 an Kant schrieb, gab Marcus Herz seiner Verwunderung über den „Aufruhr" Ausdruck, der „seit und über Moses' Tod unter Predigern und Genies, Teufelsbannern und possigsten Dichtern, Schwärmern und Musikanten"[33] begonnen habe. Vermutlich war es die Offenheit, mit der Mendelssohn Lessings Andenken verteidigte, die Herder, Gleim, Goethe u. a. dazu brachte, diese letzte Schrift Mendelssohns als sein „Testament" zu bezeichnen. Die Anhänger Mendelssohns begrüßten sein letztes Vermächtnis mit derselben Bewunderung, wie seine bisherigen Werke. Garve schrieb am 5. Februar 1786 an Zollikofer: „Moses' Schrift gegen Jacobi werden Sie jetzt schon gelesen haben. Das Herz des Mannes zeigt sich auch da von einer sehr guten Seite."[34] Und an Christian Felix Weiße (1726–1804) schrieb er am selben Tag: „Er [Johann Jakob Engel] schickt mir ... Moses' letzte Schrift. Sein Geist ist noch ganz darin. Wie wenig wünschte ich jetzt an Jacobi's Stelle zu seyn! ... Allenthalben, wo Moses sein Herz reden lassen kann, ist seine Sprache so einnehmend und rührend."[35]

In der Schrift „An die Freunde Lessings" ging es Mendelssohn nicht darum, den Pantheismus Spinozas zu widerlegen. Hätte er Jacobis Behauptung, daß Spinozas Pantheismus das einzig konsequente philosophische System sei, widerlegen wollen, hätte er eine umfassendere Untersuchung aller den Pantheismus betreffenden Fragen anstellen müssen. Ihm ging es in erster Linie um die Freundschaft mit Lessing. Es schmerzte ihn, daß Jacobi das Freundschaftsverhältnis zwischen ihm und Lessing so darstellte, als ob dieser gar nicht sein Freund gewesen, als ob dieser ihn nicht seines ganzen Vertrauens gewürdigt hätte. Es war Mendelssohn unverständlich, daß Jacobi sich dazu herbeiließ, ein ihm von Lessing anvertrautes Geheimnis vor der Öffentlichkeit zu diskutieren. „Wer", fragte Mendelssohn, „hat hier mehr thätige Religion, mehr wahre Frömmigkeit zu erkennen gegeben: der Atheist, der seinem geliebten Freunde die Ueberzeugung von der natürlichen Religion nicht entziehen will, mit welcher er ihn glücklich siehet; oder der rechtgläubige Christ, der gleichsam ohne Erbarmen dem Lahmen die Krücke aus den Händen schlägt."[36]

Genauso schmerzlich wie der Spinozismus-Vorwurf gegen seinen Freund Lessing war die Feststellung, daß Jacobi offensichtlich bemüht war, ihn zum Christentum zu bekehren. Jacobis Schrift schien Mendelssohn, wie er Kant am 16. Oktober 17S5 schrieb, „ein seltenes Gemische, eine fast monströse Geburt, der Kopf von Goethe, der Leib Spinoza, [und] die Füße Lavater".[37] In seinen Ansichten irre machen, oder gar von Jacobi überzeugen, ließ Mendelssohn sich jedoch nicht. „Ich glaube", heißt es am Schluß seiner letzten Schrift, „es sey bey so bewandten Umständen durch Disput wenig auszurichten, und also wohl gethan, dass wir voneinander scheiden. Er kehre zu dem Glauben seiner Väter zurück, bringe durch die siegende Macht des Glaubens die schwermäulige Vernunft unter Gehorsam, schlage die aufsteigenden Zweifel . . . durch Autoritäten und Machtansprüche nieder, *seegne und versiegele* seine kindliche Wiederkehr . . . mit Worten aus dem *frommen, engelreinen Munde* Lavaters. Ich von meiner Seite bleibe bey meinem jüdischen Unglauben, traue keinem Sterblichen einen *engelreinen Mund* zu, möchte selbst von der Autorität eines *Erzengels* nicht abhängen, wenn von ewigen Wahrheiten die Rede ist, auf welche sich des Menschen Glückseeligkeit gründet, und muß also schon hierin auf eigenen Füßen stehen oder fallen . . . Von diesem unwankenden Glauben gestärkt, suche ich Belehrung und Überzeugung, wo ich sie finde. Und Preis sey der seeligmachenden Allgütigkeit meines Schöpfers! Ich *glaube* sie gefunden zu haben, und *glaube,* dass jeder sie finden könne, der mit offenen Augen suchet, und sich nicht selbst das Licht verstellen will."[38]

Das Erscheinen der Schrift „An die Freunde Lessings" hat Mendelssohn nicht mehr erlebt. Eine Erkältung, die er sich am 31. Dezember 1785 zuzog, als er das Manuskript zu seinem Verleger brachte, beschleunigte den Verfall seiner ohnehin schon schlechten Gesundheit. Nach einer mehrtägigen sehr schmerzvollen Krankheit starb Mendelssohn am Morgen des 4. Januar 1786, im Alter von 57 Jahren. „Er lag", erzählte später Marcus Herz, der Hausarzt der Familie, „ohne vorhergegangenes Röcheln, ohne Zuckung, ohne Verzerrung, mit seiner gewöhnlichen

Freundlichkeit auf den Lippen, als wenn ein Engel ihn von der Erde hinweggeküßt hätte. Sein Tod war ein Schlagfuß aus Schwäche. Die Lampe erlosch, weil es ihr an Oel gebrach."[39]

Beileidskundgebungen kamen von nichtjüdischen Denkern, Schriftstellern und Staatsmännern aus ganz Europa. Mendelssohns Tod war Anlaß, das Urteil über ihn in ungezählten Nachrufen zusammenzufassen. Nach seinem frühzeitigen Ableben gab es kaum jemanden, der sich nicht anerkennend über seine Person aussprach. Selbst seine Gegner – unter ihnen vor allem Hamann – waren nicht bereit, dem toten Mendelssohn Schlechtes nachzusagen. „Der schleunige Tod des armen Mendelssohn", schrieb Hamann am 15. Januar 1786 an Jacobi, „ging mir den ganzen Donnerstag so im Kopfe herum, daß ich keine Ruhe hatte und immer bedauerte, ihm nicht vor seinem Ende, wie ich mehr als einmal willens gewesen bin, geschrieben . . . zu haben."[40] Johann Jakob Engel, der Herausgeber von Mendelssohns letzter Schrift, beklagte in der zu dieser verfaßten Vorrede: „Wie viel die Gelehrsamkeit, die Weltweisheit, die deutsche Literatur an einem Mendelssohn verloren haben, das wissen alle, denen diese Gegenstände wichtig sind . . . Ich gestehe frei, daß an dem Orte, wo ich lebe, mich kein Schlag empfindlicher hätte treffen, kein Unfall mich tiefer hätte verwunden können, als der Tod dieses Edlen."[41] Mendelssohns alter Freund Nicolai schrieb einen Nekrolog in der „Allgemeinen Deutschen Bibliothek", in dem er erklärte, daß „die gelehrte Welt einen unersetzlichen Verlust durch den Tod des berühmten Philosophen"[42] erlitten habe. Johann Erich Biester (1749–1816), der Bibliothekar und Literaturhistoriker, veröffentlichte in der „Berlinischen Monatsschrift" einen Nachruf,[43] in dem er Mendelssohns „vortreffliches Leben" seinen „vollendeten Schriften" gleichsetzte. In ähnlichem Sinne äußerten sich die meisten die Mendelssohn gekannt, die ihm im Leben nahe gestanden hatten. Typisch, weil sie dem allgemeinen zeitgenössischen Urteil entsprechen, sind die Worte, die der Dichter Karl Wilhelm Ramler auf den Sockel der Marmorbüste einmeißeln ließ, die zu Ehren Mendelssohns im Eingang der Freien Jüdischen Schule in Berlin aufgestellt wurde:

Moses Mendelssohn
Weise wie Sokrates,
dem Glauben seiner Väter treu,
wie er die Unsterblichkeit lehrend
und sich unsterblich machend, wie er.[44]

Anmerkungen

1 JubA, Bd. XIII, S. 123.
2 Pierre Bayle (1647–1706), französischer Philosoph.
3 JubA, Bd. XIII, S. 123.
4 Ebenda, S. 124.
5 JubA, Bd. III/2, S. 200–207.
6 Mendelssohn an Elise Reimarus 8. August 1784 (JubA, Bd. XIII, S. 219.
7 JubA, Bd. XIII, S. 289.
8 JubA, Bd. III/2, S. 1–175.
9 Einzelheiten zur Entstehungsgeschichte der „Morgenstunden" vgl. die von Leo Strauss verfaßte „Einleitung" JubA, Bd. III/2, S. VII–XCV.
10 Unter den Zuhörern Mendelssohns befanden sich u. a. Alexander und Wilhelm von Humboldt vgl. Kayserling², S. 455 ff.
11 JubA, Bd. III/2, S. 3.
12 Ebenda, S. 4.
13 Ebenda, S. 4f.
14 Ebenda, S. 34.
15 Ebenda, S. 61.
16 JubA, Bd. III/2, S. 70.
17 Ebenda, S. 72.
18 JubA, Bd. III/2, S. 219–260.
19 Leo Strauss hat nachgewiesen, daß die „Sache Gottes" eine Bearbeitung von Leibnizens „Causa Dei asserta per justitiam ejus cum caeteris ejus perfectionibus cunctisque actionibus conciliatam" ist. Sie verhält sich zu ihrer Vorlage ähnlich wie der Phädon zum Platonischen Phaidon (vgl. JubA, Bd. III/2, S. XCVI).
20 Vgl. Kayserling², S. 495 ff.
21 JubA, Bd. XIII, S. 320.
22 Allgemeine Deutsche Bibliothek, 68. Bd., 2. Stück, S. 339 ff.
23 C[arl] H[ermann] Gildemeister, Johann Georg Hamann's, des Magus im Norden, Leben und Schriften, Bd. V, Gotha 1873, S. 115 f.

24 Ebenda, S. 267 f.
25 Von und an Herder. Ungedruckte Briefe aus Herders Nachlaß. Hrsg. von Heinrich Düntzer und Ferdinand Gottfried Herder, Bd. 1, Leipzig 1861, S. 114 f.
26 Christian Garve und Georg Joachim Zollikofers Briefwechsel, Breslau 1802, S. 373 ff.
27 Ludwig Heinrich Jakob, Prüfung der Mendelssohnschen Morgenstunden oder aller spekulativen Beweise für das Dasein Gottes in Vorlesungen, Leipzig 1786.
28 Einige Bemerkungen zu Ludwig Heinrich Jakob's Prüfung der Mendelssohn'schen Morgenstunden, in: Kant, Werke, Bd. VIII, S. 151–155.
29 Kant, Werke, Bd. X, S. 405 f.
30 Kant, Werke, Bd. VIII, S. 153.
31 JubA, Bd. XIII, S. 127.
32 Moses Mendelssohn an die Freunde Lessings. Ein Anhang zu Herrn Jacobis Briefwechsel über die Lehre des Spinoza, in: JubA, Bd. III/2, S. 179–218.
33 Kant, Werke, Bd. X, S. 408 f.
34 Christian Garve und Georg Joachim Zollikofers Briefwechsel, S. 381.
35 Briefe von Christian Garve an Christian Felix Weisse und andere Freunde, hrsg. von Johann Caspar Manso und Johann Gottlob Schneider, Breslau 1803, Bd. 1, S. 239 f.
36 JubA, Bd. III/2, S. 193.
37 JubA, Bd. XIII, S. 313.
38 JubA, Bd. III/2, S. 217 f.
39 Kayserling[2], S. 508 f.
40 Gildemeister, Hamann, Bd. V, S. 189.
41 Moses Mendelssohn an die Freunde Lessings. Ein Anhang zu Herrn Jacobis Briefwechsel über die Lehre des Spinoza, Berlin 1786, S. III f.
42 Allgemeine Deutsche Bibliothek, 65. Bd., 2. Stück, S. 624.
43 Berlinische Monatsschrift, Bd. VII, 3. Stück, S. 204 ff.
44 Beate Berwin, Moses Mendelssohn im Urteil seiner Zeitgenossen, Berlin 1919, S. 79.

Moses Mendelssohn
Stahlstich aus dem 19. Jahrhundert

EDICT.

Wie es

die Judenschaft

in denen

sämtlichen Königl. Landen,

in Ansehung

derer gestohlenen

oder

verdächtigen Sachen

die ihr zum Kauf gebracht werden,

halten,

Imgleichen,

wie gegen diejenige Juden,

so dergleichen kaufen, verfahren werden solle.

De Dato Berlin den 15. Jan. 1747.

Titel eines Edikts Friedrichs II., das die Hehlerei von Juden unter Strafe stellt.

Friedrich II.
Radierung nach einem Stich von Chodowiecki.

Moses Mendelssohn
Stich von Müller nach einem Gemälde von Frisch

Phaedon
oder
über die
Unsterblichkeit der Seele
in drey Gesprächen.
von
Moses Mendelssohn.

ΟΜΗΡΟϹ

Mit Kön. Preuß. Churf. Brand. und Churf. Sächs. Freyheit.

Berlin und Stettin
bey Friedrich Nicolai.
1767.

Titelseite der Erstausgabe von Mendelssohns „Phaedon oder über die Unsterblichkeit der Seele"

Die

Psalmen.

Uebersetzt

von

Moses Mendelssohn.

Mit allergnädigsten Freyheiten.

Berlin,

bey Friedrich Maurer, 1783.

Titelseite der Erstausgabe von Mendelssohns Psalmen-Übersetzung

Titelseite von Mendelssohns Übersetzung aus dem Alten Testament

Gotthold Ephraim Lessing
nach einem G. O. May zugeschriebenem Gemälde

Friedrich Nicolai
nach einem Gemälde von A. Graff

Moses Mendelssohn am Berliner Tor zu Potsdam
Kupferstich von Lowe nach einer Zeichnung von Chodowiecki

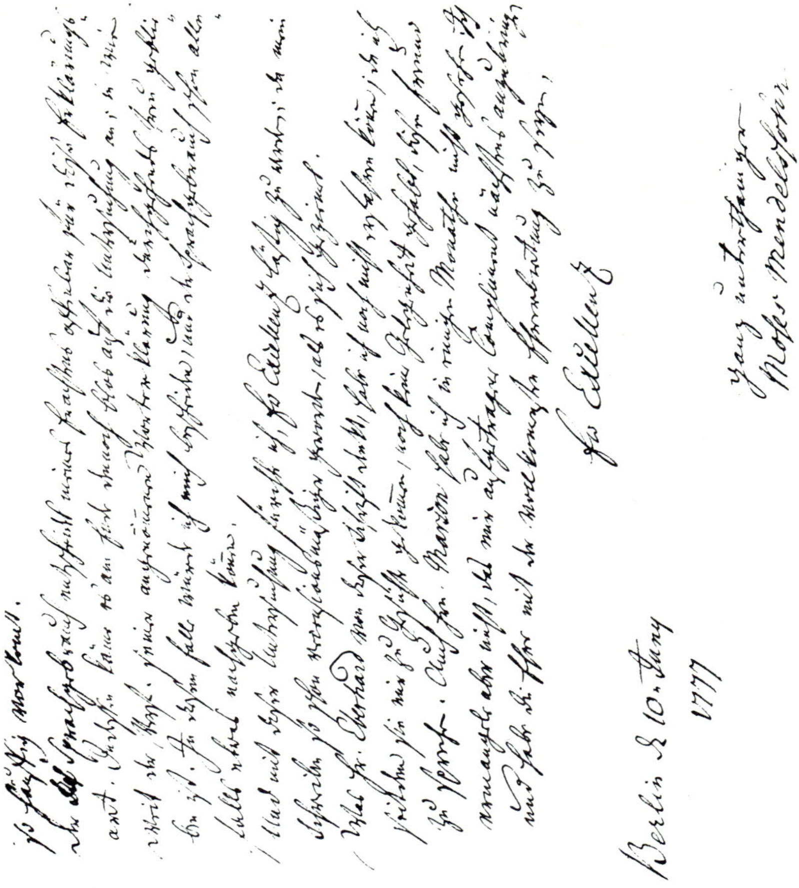
Berlin d. 10. Jany
1777

ganz untertäniger
Moses Mendelssohn

Aus einem Brief Mendelssohns

Johann Kaspar Lavater
Zeichnung von Moeglich

Mendelssohn, Lessing und Lavater
Mendelssohn links, Lessing stehend und Lavater rechts; Holzschnitt nach einem Gemälde M. Oppenheims von 1856

Friedrich Heinrich Jacobi
Stich von E. K. G. Thelott

Moses Mendelssohn
Büste von J. F. A. Darkès

Moses Mendelssohns Grabmal auf dem Berliner Judenfriedhof
Foto aus dem Jahr 1920

Nachbemerkung

Wenn wir heute die Darstellungen der Geschichte der Philosophie durchblättern, so zeigt es sich, daß Moses Mendelssohns Bedeutung nur am Rande gewürdigt wird. Es ist ganz offensichtlich, daß sein Ruhm als Philosoph ihn nicht überlebt hat. Er hatte das Glück und das Unglück, der geistvolle und beredte Interpret derjenigen philosophischen Anschauungen und Gedanken zu sein, welche die gebildete Welt seiner Tage ergriffen hatten und die in seiner Zeit lebendig waren. In dem Augenblick, als diese Gedankensysteme zusammenbrachen und von anderen abgelöst wurden, war Mendelssohn überlebt. Es lag, hat Alfred Wiener einmal zu Recht festgestellt, eine gewisse Tragik darin, daß Mendelssohn – anders wie etwa Maimonides – am Ausgang der Zeitperiode stand, „so daß seine Werke beinahe das Abendrot einer versinkenden Epoche bedeuten".[1]

Mendelssohn hat in der Philosophie keine Epoche gemacht, wie Kant vorhergesagt, und ist auch nicht, wie Lessing prophezeit hat, ein zweiter Spinoza geworden. Er blieb Zeit seines Lebens der Leibniz-Wolffschen Philosophie verhaftet. Deren Grundideen, die Monadologie und prästabilierte Harmonie, hat er durch sensualistische Begriffe, die er Locke und den englischen Freidenkern entnahm, zu modifizieren versucht. Zu mehr hat er sich wohl nicht in der Lage gefühlt. Daß er keine neuen Ideen zu entwickeln vermochte, daß er sich außer stande sah, der neuen Philosophie Kants gegenüber Stellung zu beziehen, das hat Mendelssohn sich selbst eingestanden. Er schämte sich aber auch nicht, Anhänger der Leibniz-Wolffschen Philosophie zu sein. „Ich freue mich", schrieb er Johann Christoph Schwab, dem Vater des Dichters Gustav Schwab, „in Deutschland einen Philosophen zu finden, der sich nicht schämt, Wolfianer zu sein. Den Schriften dieses Weltweisen habe ich meine erste Bildung zur Philosophie zu verdanken; daher ich eine Art von Vorliebe für ihn jederzeit behalte und mir ein Vergnügen machen werde, alles zu retten, was aus seiner Feder geflossen ist . . .[2] Mehr Einfluß als auf die Philosophie hatte Mendelssohn auf die Entwicklung der Ästhetik und die Literaturkritik. Ohne ihn hätte Lessing vielleicht nie seinen „Laokoon" geschrieben. Seine Ideen wirkten in Lessings Dramaturgie, fanden auch bei Schiller einen Niederschlag. Von Mendelssohn als Literaturkritiker sind manche fruchtbare Anregungen ausgegangen. Niemand wird bestreiten wollen, daß Mendelssohn zur Klärung der Frage beigetragen hat, welcher Geschmack der beste ist, welche Empfindung des Schönen der wahren Bestimmung des Menschen und damit dem Endzweck seines Daseins am zuträglichsten ist. Stets war er in der Kritik bemüht, den Menschen den Weg zur Vollkommenheit zu weisen, zur vollkommenen Ausbildung ihrer Seelenfähigkeiten. Ob Mendelssohns Arbeiten in diesem Bereich ganz ohne Wirkung geblieben sind – darüber ist das letzte Wort noch nicht gesprochen.

Nicht zu Unrecht ist Mendelssohn Sinn für Form und Stilgefühl nachgesagt worden. Bereits die Zeitgenossen bewunderten die Klarheit und Anmut seines Stils und seiner Sprache. Garve, Kant, Herder u. a. haben Mendelssohns Fähigkeiten auf diesem Feld neidlos anerkannt. „Der Mann", schrieb Garve am 17. November 1785 an Weisse, „macht alles so helle, was er vorträgt, daß man auf eine sehr angenehme und nützliche Weise während der Lesung seiner Bücher beschäftigt ist, auch wenn man durch dieselben nicht neue Aufschlüsse bekommt, auch wenn man nicht seinen Meinungen beypflichtet."[3] Hennings, dem Mendelssohn seine „Morgenstunden" zugesandt hatte, schrieb: „Wenn man Ihnen Recht geben wollte, daß Ihre Philosophie nicht mehr die Philosophie der Zeiten ist, müßte man nicht wissen, daß Sie in Ihren Briefen zuerst den Attischen Ton mit dem Tiefsinne des speculativischen Nachdenkens verbanden, und der Schönheit und Wahrheit, so wie Sokrates den Grazien, opferten, daß Sie in den Literatur Briefen Deutschlands Geschmack bildeten und zeigten, wie gerade auf dem schlichten Pfade der Vernunft die Blumen blühen . . ."[4]

Wenn es überhaupt ein Gebiet gibt, auf dem Mendelssohn widerspruchslos anerkannt wurde und wird, dann war es seine Kunst zu schreiben – mochte er selbst noch so bescheiden darüber gedacht haben. Drei Eigenschaften wurden und werden dem Stil Mendelssohns mit Abwandlungen immer wieder nachgesagt:

1. Richtigkeit [d. i. Genauigkeit, Gründlichkeit]. 2. Deutlichkeit [KLarheit, Helle, Licht]. 3. Anmut [Zierlichkeit, Leichtigkeit, Eleganz]. „Es ist nicht jedermann gegeben", so meinte Kant einmal, „so subtil und doch zugleich so anlockend zu schreiben als David Hume oder so gründlich und dabei so elegant als Moses Mendelssohn."[5] Selbst Gegner, in der Sache Andersdenkende, waren von seiner Sprache angetan. Nicht wenig zu diesem Urteil beigetragen hat Mendelssohns ablehnende Haltung gegenüber der französischen Sprache, von der er weder Form noch Inhalt sonderlich schätzte. Wiederholt spöttelte er über die „französische Windmacherei" und „Witzelei", wiederholt ließ er erkennen, daß er Wert auf den Gebrauch der deutschen Sprache legte, daß er die geradlinige Einfachheit des Ausdrucks schätzte. Über den „Phädon" bemerkte er selbst einmal zu Nicolai, daß im ganzen Buche nicht eine einzige Antithese sein werde – ein bewußter Gegensatz zu den Künsteleien der aus Frankreich kommenden „lustigen, abgebrochenen, witzigen Schreibart" à la mode.

Es ist viel gerätselt worden über die Anziehungskraft, die Mendelssohn auf viele seiner Zeitgenossen ausübte. Der Einfluß, den Mendelssohn nicht nur bei seinen Glaubensbrüdern, sondern ebenso bei vielen Christen gewann, wird seinem einnehmenden Wesen, seiner Persönlichkeit zugeschrieben. Allgemein war die Auffassung bei den Zeitgenossen verbreitet, daß man es in Mendelssohn mit einem ungewöhnlichen Menschen zu tun habe – ein „in der höchsten Bedeutung des Worts edler und vortrefflicher Mensch" (Nicolai), „der vortrefflichste, weiseste Mensch, den ich kenne"[6] (Biester). Äußerungen dieser Art gab es viele. Es gab kaum jemand, der Mendelssohn nicht schätzte. Nahezu einstimmig ist das Urteil über die Lauterkeit und Gesinnung Mendelssohns, über seine Bescheidenheit und sein rastloses Streben nach Wahrheit. Das moralisch Anziehende seiner Persönlichkeit wurde von allen betont, die näher mit ihm zu tun hatten. „In seiner Gegenwart", meinte der Theologe Karl Philipp Moritz (1756–1793), „war einem wohl – man fühlt sich schon durch seinen Anblick erhoben und ermuntert und nie ist vielleicht einer ungebessert von ihm gegangen."[7]

Mendelssohn galt als ein guter Unterhalter. Kein Gespräch, an dem er teilnahm, dem er nicht eine bestimmte Wendung gab. Wenn er ein Urteil abgab, dann war es ausgewogen. Auch an Schlagfertigkeit hat es ihm nie gefehlt. Als einmal ein junger Lieutnant ihn anschnarrte: „Womit handelt er?" antwortete ihm Mendelssohn mit den Worten: „Mit etwas, was Sie brauchen können – mit Verstand." Viel erzählt wird auch die Geschichte, die sich in einer Abendgesellschaft zutrug. Probst Wilhelm Abraham Teller (1734–1804) fühlte sich durch Mendelssohns Kontroverse mit Lavater veranlaßt, sich an diesen mit der spöttischen Anfrage in Versform zu wenden:[9]

An Gott, den Vater, glaubt ihr schon,
So glaubt doch auch an Gott den Sohn.
Ihr pflegt doch sonst bei Vaters Leben
Dem Sohne schon Kredit zu geben.

Mendelssohn antwortete:

Wie sollen wir Kredit ihm geben,
Wird doch der Vater ewig leben.

Vielfach ist Mendelssohn mit Sokrates verglichen worden. Es war dies ein Vergleich, der auf die Lebensumstände, sogar bis auf gewisse Äußerlichkeiten der Erscheinung ausgedehnt wurde. Seit er den Griechen zur redenden Hauptgestalt seines „Phädon" gemacht hatte, bürgerte es sich ein, von Mendelssohn als dem „deutschen Sokrates" zu sprechen. Anna Luise Karschin, die Schriftstellerin, äußerte sich über den viel bewunderten „Sokrates-Mendelssohn". Ramler verewigte den Freund mit der Inschrift „Ein Weiser wie Sokrates". Eine „sokratische Seele" erblickte Lavater in Mendelssohns Auge. Herder sah in ihm eine Art von Vollender des antiken Philosophen. Und Johann Andreas von Scholten (1723–1791), der preußische Oberst und Bataillonskommandant in Treuenbrietzen, stellte gar die Frage: „War Sokrates denn mehr als Mendelssohn?"[10]

Ganz abwegig waren die Vergleiche der Zeitgenossen nicht. Wie Sokrates hatte auch Mendelssohn Vorurteile der Erziehung zu überwinden, wie dieser mußte er sich mit der Unwissenheit anderer auseinandersetzen, wie dieser war er gezwungen, Bosheit,

Neid, Verleumdung und Beschimpfung von Seiten seiner Gegner zu ertragen und auszuhalten. Beide wußten, was Armut war, beide lernten die Willkür der Macht kennen, beide hatten gegen Vorurteile und Aberglauben anzukämpfen. Wie Sokrates wirkte auch Mendelssohn durch seine Persönlichkeit, durch die Liebenswürdigkeit, der niemand widerstehen konnte, durch den Zauber, der von seinem ganzen Wesen ausging. Auch Friedrich Nicolai, einer der frühesten Freunde, empfand die Ähnlichkeit mit dem Athener Weisen. „Ich habe ihn", schrieb er in seinem Nachruf auf Mendelssohn, „seit 30 Jahren in so vielen Vorfällen des menschlichen Lebens thätig gesehen. Ich habe die ausserordentlichen Beispiele seines Edelmuths, seiner unerschütterlichen Redlichkeit, seiner Wohltätigkeit, seiner Uneigennützigkeit, seiner Menschenliebe, seiner Bereitwilligkeit Feinden zu vergeben, seiner Sanftmuth, seiner Freundschaft gesehen."[11]

Mendelssohns Leistungen für das Judentum sind unbestritten. Niemand wird in Abrede stellen können, daß er durch seine Tätigkeit etwas in Bewegung gesetzt hat, daß er durch sein Wirken einen bahnbrechenden Einfluß auf die innere und äußere Entwicklung der deutschen Juden, sowie mittelbar der Juden des gesamten europäischen Kulturkreises hatte. Er war es, der zeigte, daß ein Ausgleich zwischen den Werten des Judentums und der modernen Welt- und Lebensanschauung im Bereich des Möglichen lag. Sein Verdienst war es, durch die Bibelübersetzung eine der Vorbedingungen geschaffen zu haben, die den Juden den Ausbruch aus dem Ghetto und den Eintritt in die bürgerliche Gesellschaft der Neuzeit ermöglichten. Es ist lehrreich, in diesem Zusammenhang auf die Tatsache hinzuweisen, daß Bibelübersetzungen meist wichtige Einschnitte der Geschichte des Judentums markieren. Die Übersetzungen der Targumim in die aramäische Sprache, der Septuaginta ins Griechische, Saadias ins Arabische und Mendelssohns ins Deutsche bezeichnen derartige Einschnitte.

Mit dem Gespräch, das Mendelssohn mit Lessing führte, hat das Gespräch zwischen Deutschen und Juden seinen Anfang genommen. Zu einer wirklichen Begegnung, zu der viel berufenen „Symbiose zwischen deutschem und jüdischem Geist" ist es jedoch nicht gekommen. Das Gespräch scheiterte, als deutlich wurde, daß nur eine Seite bereit war, mit der anderen zu sprechen. Vielleicht hat Gershom Scholem sogar Recht, wenn er bestreitet, „daß es ein solches deutsch-jüdisches Gespräch in irgendeinem echten Sinne als historisches Phänomen je gegeben hat".[12] Der Versuch der Juden, sich zu erklären, sich der deutschen Umwelt anzupassen, ist jedenfalls gründlich mißverstanden worden. Es war, wenn überhaupt, ein Gespräch zwischen ungleichen Partnern. Wo Deutsche sich auf eine Auseinandersetzung mit den Juden einließen, forderten sie in der Regel, daß die Juden ihre Identität aufgeben sollten. Es war die berühmte Losung aus den Emanzipationskämpfen: „Den Juden als Individuen alles, den Juden als Volk [das heißt: als Juden] nichts", die verhinderte, daß das deutsch-jüdische Gespräch wirklich in Gang kam, die deutsch-jüdische Symbiose reale Möglichkeit geworden ist.

Die im Zeitalter Mendelssohns eingeleitete Begegnung zwischen Juden und Deutschen ist heute ein abgeschlossenes Kapitel der Geschichte. Es ist kaum anzunehmen, daß es in nächster Zeit zu einer neuen Begegnung kommen wird. Das Jahr 1933 ist eine nicht übersehbare Geschichtszäsur. Es zeigte sich damals, daß die Emanzipation revidierbar, daß eine Kulturnation fähig war, sich auf ein System der Unfreiheiten umzustellen. Der Versuch der „Endlösung" der „Judenfrage" hat im jüdischen Denken und Fühlen tiefe Narben hinterlassen. Das Verhältnis der Juden zu den Völkern ist heute von dem Trauma Auschwitz her bestimmt. Sicher wird es auch in Zukunft Juden geben, die sich assimilieren, die in fremden Völkern aufgehen. Es wird dies aber nie wieder ein so vorbehaltloses Aufgehen sein, wie dies im Emanzipationszeitalter in Deutschland geschehen ist. Die Lehre, welche die Juden empfangen haben, ist die, daß nichts verhängnisvoller sein kann, als um der Emanzipation willen die eigene Identität aufzugeben. Jüdische Geschichte wird in Zukunft von dieser Erfahrung her bestimmt sein.

Anmerkungen

1 Alfred Wiener, Zur Würdigung der geschichtlichen Bedeutung Moses Mendelssohns, in: Der Morgen. Jg. 2, Nr. 5, S. 514.
2 Mendelssohns an Johann Christoph Schwab 26. April 1785 (JubA, Bd. XIII, S. 277).
3 Briefe von Christian Garve an Christian Felix Weisse und andere Freunde, hrsg. von Johann Caspar Manso und Johann Gottlob Schneider, Breslau 1803, Bd. 1, S. 227f.
4 August Hennings an Mendelssohn November 1785 (JubA, Bd. XIII, S. 326).
5 Kant, Werke, Bd. 5, S. 262.
6 Johann Erich Biester an Friedrich Heinrich Jacobi 1777 (Meyer, Mendelssohn, S. 111, Nr. 639).
7 Meyer, Mendelssohn, S. 111, Nr. 639.
8 Kayserling², S. 534.
9 GS, Bd. I, S. 37.
10 Vgl. Ludwig Goldstein, Moses Mendelssohn und seine Zeitgenossen, in: Der Morgen, Jg. 5, Nr. 3, S. 221f.
11 Allgemeine deutsche Bibliothek, Bd. 65, S. 624f.
12 Gershom Scholem, Wider den Mythos vom deutsch-jüdischen Gespräch, in: Bulletin des Leo Baeck Instituts 27/1964, S. 278.

Abkürzungsverzeichnis

Altmann, Mendelssohn	=	Alexander Altmann, Moses Mendelssohn. A biográphical Study, Philadelphia 1973
Frühschriften	=	Alexander Altmann, Moses Mendelssohns Frühschriften zur Metaphysik untersucht und erläutert, Tübingen 1969
GS	=	Moses Mendelssohn's gesammelte Schriften. Nach Originaldrucken und Handschriften, hrsg. von Prof. Dr. G. B. Mendelssohn. In sieben [vielmehr acht] Bänden, Leipzig, 1843–1845
JL	=	Jüdisches Lexikon. Ein enzyklopädisches Handbuch des jüdischen Wissens in vier Bänden, 5 Bde., Berlin 1927–1930
JubA	=	Moses Mendelssohn Gesammelte Schriften. Jubiläumsausgabe in Gemeinschaft mit F. Bamberger, H. Borodianski, S. Rawidowicz, B. Strauss, L. Strauss, hrsg. von I. Elbogen, J. Guttmann, E. Mittwoch, fortgesetzt von A. Altmann, Berlin 1929ff.
Kant, Werke	=	Kant's gesammelte Schriften, hrsg. von der Preußischen Akademie der Wissenschaften, 22 Bde., Berlin 1900–1942
Kayserling[1]	=	M[eyer] Kayserling, Moses Mendelssohn. Sein Leben und seine Werke, Leipzig 1862
Kayserling[2]	=	M[eyer] Kayserling, Moses Mendelssohn. Sein Leben und sein Wirken, Zweite ... Auflage, Leipzig 1888
LLM	=	Lessings Sämtliche Schriften, hrsg. von K. Lachmann, 3. Aufl. von F. Muncker, 23 Bde., Stuttgart und Leipzig 1886–1924
Meyer, Bibliographie	=	Hermann M. Z. Meyer, Moses Mendelssohn Bibliographie. Mit einigen Ergänzungen zur Geistesgeschichte des ausgehenden 18. Jahrhunderts, Berlin 1965

Zeittafel

1729	Moses Mendelssohn wird am 6. September in Dessau geboren
1743	Mendelssohn folgt David Fränkel nach Berlin
1750	Hauslehrer der Kinder des Seidenfabrikanten Isaak Bernhard
1754	Erste Bekanntschaft mit Lessing und Nicolai Buchhalter in der Fabrik von Isaak Bernhard
1755	Erscheinen der „Philosophischen Gespräche" und der „Briefe über die Empfindungen"
1756–1759	Mitarbeit an der von Nicolai begründeten „Bibliothek der schönen Wissenschaften und der freyen Künste" Briefwechsel zwischen Mendelssohn, Nicolai und Lessing über ästhetische Fragen
1759–1763	Mitarbeit an den „Briefen die Neueste Litteratur betreffend"
1761	Erscheinen der „Philosophischen Schriften" Hebräischer Kommentar zu den „Millot hahiggajon" (Logik) des Maimonides Prokurist in der Fabrik von Isaak Bernhard
1762	Eheschließung mit Fromet Gugenheim
1763	Preis der Berliner Akademie der Wissenschaften Friedrich II. gewährt Mendelssohn das Privileg eines Schutzjuden
1764	Geburt von Dorothea (Brendel) Mendelssohn (1763–1839)
1767	Erscheinen des „Phädon" Geburt von Recha (Reikel) Mendelssohn (1767–1831)
1769	Lavater veröffentlicht seine „Untersuchung der Beweise für das Christentum"
1770	Geburt von Joseph Mendelssohn (1770–1848) Veröffentlichung des „Schreibens an den Herrn Diakonus Lavater in Zürich"
1772	Vermittlung im sog. „Begräbnisstreit"
1775	Geburt von Henriette (Jente) Mendelssohn (1775–1831)
1778	Zusammenstellung und Veröffentlichung der „Ritualgesetze der Juden"
1779	Erscheinen von Lessings „Nathan"
1780–1783	Pentateuchübersetzung

1781	Dohm veröffentlicht die Schrift „Über die bürgerliche Verbesserung der Juden"
	Tod Lessings
1782	Geburt von Nathan Mendelssohn (1782–1852)
1783	Erscheinen von Manasse ben Israels Schrift „Rettung der Juden" mit einer „Vorrede" von Mendelssohn
	Psalmenübersetzung
	Erscheinen von „Jerusalem, oder über religiöse Macht und Judentum"
1785	Erscheinen der „Morgenstunden oder Vorlesungen über das Daseyn Gottes"
1786	Moses Mendelssohn stirbt am 4. Januar
	Posthum erscheint „An die Freunde Lessings. Ein Anhang zu Herrn Jacobis Briefwechsel über die Lehre Spinozas"

Personenregister